WIZARD

破天荒な経営者たち

8人の型破りなCEOが実現した桁外れの成功

ウィリアム・N・ソーンダイク・ジュニア［著］
長尾慎太郎［監修］　井田京子［訳］

The Outsiders

Eight Unconventional CEOs and Their Radically Rational Blueprint for Success by William N. Thorndike, Jr.

Pan Rolling

The Outsiders : Eight Unconventional CEOs and Their Radically Rational Blueprint for Success
by William N. Thorndike, Jr.

Published by arrangement with Harvard Business Review Press, Watertown, Massachusetts through Tuttle-Mori Agency, Inc., Tokyo

監修者まえがき

本書はウィリアム・ソーンダイクの著した〝The Outsiders〟の邦訳である。ここには型破りな経営によって自社の業績を飛躍的に向上させたCEOが八人登場する。彼らのパフォーマンスは文字どおり飛び抜けているが、ほとんどのリサーチでは、通常こうしたデータは「異常値」として意識的に取り除かれてしまう。しかし、著者はハーバード大学の学生たちと共に、あえてこれら特殊なケースを丹念に調べたのである。

著者らの挑戦的な試みの結果、驚くべき事実がいくつも明らかになった。まず、こうしたアウトサイダー（異端者）のCEOたちの経営には共通点があった。つまり、優れた経営というのは定式化でき、だれにでもまねすることが可能だということだ。ここで最も重要なことは、期待収益率が高い選択肢に優先して資本を投入するということである（具体的な方法と詳細については、本書のなかで丁寧に解説されている）。

こうした方針はオペレーションズリサーチの観点から経営を見れば至極当たり前のことなのだが、それが実行できるCEOは非常に少ない。著者らの研究はアウトサイダーのCEOの経営のほうがむしろ正統であり、ほかのCEOのほうがデタラメであることを示している。彼らの多くは、組織全体や株主にとって合理的な選択をするのではなく、単なる思い込みやバイアスにとらわれて局所最適化を行う。限定合理性の陥穽である。ところで、私は長年運用の仕事をしてきて、企業の多くが配当を出すのを不思議に思ってきた。ほかの投資手段よりも収益率が高いと思うからこそ株を買っているのに、配当金が出るたびに再投資する手間も税金もかかるし、はなはだ迷惑である。経営者は資本を有望な事業に使ってカネを稼ぐのが仕事なのに、株主に現金をつき返してくるのは責任放棄ではないのか？　この疑問を以前に何人かの経営者にぶつけてみたが、明確な回答は得られなかった。そのナゾがようやく解けたのは、ウォーレン・バフェットが書いた年次報告書を読んだときである。

本書は投資の教科書というよりは優れた経営指南書である。もしこれを投資本として読むならば、まさに本書に出てくるＣＥＯのように考え投資活動を行えばよい。自らアウトサイダーになることをいとわなければ成果は約束されている。

二〇一三年一二月

長尾慎太郎

目次

序文――シングルトン村

「たぐいまれな経営者にはいくら支払っても払いすぎということはありませんが、そんな人はめったにいません」――ウォーレン・バフェット

「あなたの実績があなたなのだ」――ビル・パーセル（アメリカンフットボールの史上最強のコーチ）

「成功はその痕跡を残す」――ジョン・テンプルトン卿

この五〇年間で最高のＣＥＯ（最高経営責任者）はだれだろうか。

ほとんどの人は「ジャック・ウェルチ」と答えるだろうし、その理由も明らかだ。ウェルチは、ＧＥ（ゼネラル・エレクトリック）というアメリカを代表する企業のひとつで一九八一～二〇〇一年の約二〇年間、ＣＥＯを務めた。そして彼の在任中、ＧＥの株主は年率二〇・九％という素晴らしい利益を手にした。もし彼がＣＥＯに就任したときにGEに一ドル投資していれば、後継者のジェフ・イメルトにCEOの座を譲ったときには、それが四八ドルにもなっていたのである。

ウェルチは、積極果敢なマネジャーであると同時に、社内を統括する達人でもあった。彼が社内をくまなく歩き回るのは伝説となっていた。遠くの部署でも頻繁に訪れ、幹部を常に格付けし、事業部間を配置転換させ、「シックスシグマ」「TQM」(総合的品質管理)などといった風変わりな名前を付けた全社的な戦略構想を打ち出した。また、精力的かつ好戦的な性格で、ウォール街やマスコミとも積極的にかかわった。彼は、注目を浴びることに慣れており、GEのCEO時代にはフォーチュン誌の表紙を何回も飾った。そして引退後も、後継者のパフォーマンスを含めたさまざまな発言で見出しをにぎわせ、議論を呼んでいる。また経営に関する二冊の著作があり、やはり好戦的な『忌憚なき意見(Straight from the Gut)』(『わが経営』[日本経済新聞社]の原題)という題名が付いている。

この悪名高い経営方法と素晴らしいリターンの組み合わせによって、ウェルチは事実上、ある種の経営手法――社内を積極的に監視し、ウォール街と定期的に交流し、株価に重点を置く手法――の基準になった。しかし、彼は過去五〇年で最高の経営者なのだろうか。

絶対に、ノーだ。

その理由を理解するためには、CEOの能力を正しく測るための新しくて明確な方法について考える必要がある。CEOもプロスポーツの選手と同じように極めて数量的な戦いをしているにもかかわらず、野球の投手やアイスホッケーのゴールキーパーの防御率とか、外科医の合併症発生率のようにパフォーマンスを測定するための一般に認められた基準がひとつもない。業界紙が厳格な基準で選んだ成績優秀者を発表しているわけでもない。

その代わりに、マスコミは大きくて有名な企業、例えばフォーチュン一〇〇社などに注目するため、その経営者がビジネス誌の表紙を飾ることになる。マスコミはだいたいにおいて企業の収益や利益の成長率に注目する。ただ、この数字は企業の一株当たりの価値の増加を示していても、売り上げや収入や従業員数の増加といったCEOの偉大さを示すバロメーターではない。例えて言えば、スポーツ・イラストレイテッド誌が最も身長の高い投手や体の大きいゴールキーパーだけを表紙に起用するようなことなのである。

パフォーマンスを査定するために重要なのは絶対的なリターン率ではなく、同業他社やマーケット全体と比較したリターン率なのである。CEOの偉大さを評価するために必要な数字は三つしかない。在任中の株価の年間リターン率（複利）と、同じ期間の同業他社のリターン率、そして幅広いマーケット（通常はS&P五〇〇を参照する）のリターン率である。

そして、このとき重要なのは背景で、特に在任期間がいつ始まっていつ終わったということの影響は大きい。ウェルチが就任したのは、一九八二年後半から二〇〇〇年初めまで続いた歴史的な強気相場の始まりとほぼ一致していた。それによって、この時期のS&P五〇〇の年間平均リターン率は、長期平均の約二倍に当たる一四%という高い値になっていたのだ。同じ二〇%のリターン率と言っても、このような時期と、途中で何回か厳しい弱気相場に見舞われた時期では、まったく意味が違うのである。

野球の例で説明しよう。ステロイドが蔓延していた一九九〇年代半ばから後期には、年間本塁打二九本というのは、普通の成績だった(トップ選手は六〇本以上打っていた)。しかし、一九一九年にベーブ・ルースがうち立てた二九本は一八八四年以来の新記録で、野球史に残る快挙であり、近代のパワー野球の始まりだった。ここでも、重要なのはその背景なのである。

ＣＥＯのパフォーマンスを評価するときにもうひとつ重要な点は、同業他社のＣＥＯと比較して評価することで、ぜひ同じ業界のさまざまな会社と比較してほしい。ブリッジと同じで、同じ業界で競っている企業はたいてい似たような手札を持っているため、長期的なパフォーマンスの違いは外部要因よりも経営力の違いによるところが大きくなる。

ここで鉱業界の例を見てみよう。同じ金鉱会社のＣＥＯでも、金相場が一オンス当たり一九〇〇ドルを超えて天井を打った二〇一一年に務めた人と、四〇〇ドルを割り込んだ二〇〇〇年に務めた人のパフォーマンスを比較することはできない。たとえ金鉱会社のＣＥＯでも、金の価格を支配することはできないからだ。彼らは、マーケットから与えられた手札を使って株主のためにできるかぎりのことをするしかない。そのため、パフォーマンスを査定するときには同じ時期に同じ条件で経営している同業他社のＣＥＯと比較するのが最も参考になる。

もしＣＥＯが同業他社とマーケットの両方を大きく上回るリターンを上げていれば、その人は「優れた」経営者と言える。その意味では、在任中のＳ＆Ｐ五〇〇の三・三倍のパフォーマンスを上げたウェルチは紛れもなく優れたCEOだった。

ただ、そんなウェルチでもヘンリー・シングルトンに比べれば、足元にも及ばないのである。


今日では少数の投資家や専門家にしか知られていないが、ヘンリー・シングルトンはCEOとしては変わった経歴を持つ驚くべき人物だった。彼は世界的にも有名な数学者で、目隠ししてチェスができ、MIT(マサチューセッツ工科大学)で電気工学の博士課程在学中に同校初のコンピューターを設計した人物でもある。第二次世界大戦中には、「消磁」技術を開発し、この技術は連合軍の艦船が敵のレーダー探知を避けることに貢献した。一九五〇年代には、慣性誘導システムを開発し、これは現在でもほとんどの軍用機や民間航空機で使われている。彼は一九六〇年代初めにテレダインという複合企業を設立し、そこで歴史上最も優れたCEOのひとりとなった。

一九六〇年代の複合企業は、現代のインターネット銘柄のような存在で、その多くが上場していた。しかし、シングルトンは非常にまれな方法で複合企業を経営していた。彼は、だれも行っていないころから積極的に自社株買いをして、結局九〇％以上を手に入れた。これによって配当をする必要がなくなり、報告利益よりもキャッシュフローを強化することができるようになった。また、よく知られているように同社の運営が分権化されており、一九七〇年代と一九八〇年代のNYSE（ニューヨーク証券取引所）で株価が最も高い銘柄だったにもかかわらず、けっして株式を分割しなかった。アナリストやジャーナリストと話すのを嫌い、フォーチュン誌の表紙に登場することもなかった彼は「スフィンクス」と呼ばれていた。

シングルトンは因習打破主義者で、彼が選んだ特異な手法はウォール街やマスコミからよく批判されたり、驚かれたりした。しかし、懐疑派を無視したことは結局は正しかった。テレダインよりも名前が知られている同業他社の長期リターンは平均一一％程度で、これはS&P五〇〇を多少上回る程度だからだ。

それに対してテレダインは、シングルトンが経営していた約三〇年間で投資家に二〇・四％という驚くべきリターン（年率複利）をもたらした。もし一九六三年に彼に一ドルを投資していれば、彼が会長を引退した一九九〇年には厳しい弱気相場だったにもかかわらず、それが一八〇ドルに増えていたのである。ちなみに、もしこの一ドルをさまざまな複合企業に幅広く投資していれば、同じ期間で二七ドル、S&P五〇〇ならば一五ドルにしかならなかった。シングルトンは、指標の一二倍という驚くべきパフォーマンスを上げたのである。

つまり、私たちの成功の定義で計れば、シングルトンはジャック・ウェルチよりも優れたCEOと言える。単純に彼の数字が優れているからだ。しかも、一株当たりのリターンがマーケットや同業他社よりも高いだけでなく、それをより長い期間（二八年間、ウェルチは二〇年間）続け、その間には長くて厳しい弱気相場が何回もあった。

シングルトンの成功の源は、テレダインが独自の急成長事業を持っていたことではない。彼とライバルたちとの違いは、資本の配分という重要だが多少謎めいた分野に精通していたことにある。資本配分とは、株主のリターンが最高になるように企業の資源を配分していくことである。ここで資本配分の意味と、なぜそれがこれほど重要で、これにたけたCEOがあまりいないのかについて少し説明しておきたい。

ＣＥＯとして成功するためには、二つのことをうまく行う必要がある。事業を効率的に運営し、そこで得た現金をうまく使うことである。ほとんどのＣＥＯ（および彼らが書いたり読んだりしている経営書）は前者、つまり事業の運営に力を注いでいる。もちろんこれは重要だ。しかし、シングルトンが最も注目したのは後者だった。

ＣＥＯには、資本の使い方について基本的に五つの選択肢（①既存の事業への投資、②ほかの事業の買収、③配当、④負債の返済、⑤株の買い戻し）があり、資本を調達するためには三つの選択肢（①社内のキャッシュフロー、②債券の発行、③株の発行）がある。これらの選択肢をツールのセットだと考えてみてほしい。株主の長期的なリターンは、ＣＥＯがこのなかのどのツールを使い、どれを避けるかという判断に大きく左右される。簡単に言えば、業績は同じでも、資本配分が違えば、株主の長期利益はかなり違ったものになる。

基本的に、資本配分は投資なので、すべてのＣＥＯは資本配分者と投資家を兼ねることになる。ところが、ＣＥＯにとって最も重要なことかもしれないこの役割については、トップクラスのビジネススクールでさえ教えていない。ウォーレン・バフェットも、この重要な任務に万全な態勢で臨んでいるＣＥＯは少ないと言っている。

企業のトップの多くは、資本配分のスキルを持っていません。ただ、彼らの力不足は驚くことではないのです。社長になる人は、販売や製造や技術や管理など何らかの分野で優れていたり、なかには社内の駆け引きがうまかったりしたことでその地位まで上り詰めた人が多いからです。しかし、ＣＥＯになれば新しい任務として資本配分の決断を下す必要に迫られます。ところが、これは重要な仕事であるにもかかわらず、彼らの多くはまったく経験がないし、簡単に極められることでもありません。大げさに言えば、才能のある音楽家の最後の舞台がカーネギーホールでの演奏ではなく、ＦＲＢ（連邦準備制度理事会）の議長に指名されたような感じです（注1）。

この経験のなさは、投資家のリターンに直接的かつ重要な影響を及ぼす。バフェットは、このスキルのギャップによる影響について、「毎年、自己資本の一〇％の利益を内部留保する会社でＣＥＯを一〇年間務めれば、その人は運転資本の六〇％以上の使い方に責任があります」（注2）と指摘している。

シングルトンは資本配分に精通していた。彼の配分の仕方は同業者のそれとは大きく異なっていたが、それが株主の長期リターンを大きく押し上げていた。彼は、テレダインの資本を厳選した企業の買収と、大規模な自社株買いに集中的に配分していた。一九八〇年代末まで新株の発行を抑制し、頻繁に借り入れを行い、配当金を支払わなかったのである。一方、ほかの複合企業は正反対の配分戦略を用いていた――積極的に株を発行してその資金で買収を行い、配当金を支払い、自社株買いは行わず、借り入れはあまりしなかった。簡単に言えば、彼らはテレダインとは異なるツールを使って異なる結果を得ていたのである。

もし資本配分をさらに広い意味で資源の配分と考えて人材開発まで含めれば、シングルトンはそこでもまったく違っていた。特に、彼は組織の極端な分権主義を信奉しており、本部はごく少人数で運営し、運営責任と権限を事業部の部長に集中させていた。これは、本部に副社長やＭＢＡを修得した幹部をたくさん置いている同業他社とはかなり違う手法だった。

結局、調べを進めていくと、過去五〇年間で最も優れた実績を上げた本当に偉大なＣ

EOたちは、みんなこのような資源の配分を行っていた。実際、彼らの手法は不思議なほどシングルトンと似ていたのである。

一九八八年、ウォーレン・バフェットは、コロンビア大学経営大学院の伝説の教授であるベンジャミン・グレアムとデビッド・ドッドが提唱したバリュー投資の原則に専念して素晴らしい実績を上げている投資家に関する記事を書いた。グレアムとドッドの型破りな投資戦略は、企業の資産価値を控えめに査定した価格よりも大幅に安くトレードされている株を買うよう推奨している。

桁外れの投資リターンと、グレアムとドッドの原則の強い相関性を示すために、バフェットは架空の全国コイントス・コンテストの例え話を使っている。このコンテストでは、二億二五〇〇万人のアメリカ人が一日一回コイントスに一ドルを賭ける。負けた人は脱落し、勝った人は獲得金額を翌日の賭け金とする。二〇日後、二一五人が勝ち残り、それぞれが一〇〇万ドルを少し超える金額を獲得している。バフェットは、この結果は偶然の結果であり、参加者が二億二五〇〇万匹のオランウータンでも同じ結果になると指摘している。そのうえで、彼は面白い見解を述べている。

しかし、もし残った二一五匹のオランウータンのうちの四〇匹がネブラスカ州オマハの特定の動物園のオランウータンだということが分かったら、何かあるに違いないと思うだろう。……そして、科学的な裏づけがないか調べる。例えば、珍しいガンの原因を分析していて、モンタナ州の小さな鉱山の町で四〇〇人の患者がいることが分かれば、その地域の水や、患者の職業や、ほかの条件に強い関心を持つだろう。同様に、投資の世界におけるコイントスの勝者を調べれば、かなりの人数がグレアム・ドッド村という小さなインテリの村から来ていることが分かるだろう（注3）。

もし歴史家のローレル・ウルリッヒが言うように、「行儀が良い女性が歴史を作ることなどめったにない」ならば、従来型のCEOがマーケットやライバルを大きく引き離すこともないだろう。投資の世界と同じで、経営の世界にもコイントスで桁外れの圧勝を収める人はあまりいない。しかし、もしそれを成し遂げた人たちを並べてみると、当然ながら彼ら自身が因習打破的だということが分かる。

本書で紹介する傑出した経営者たちは、マーケットが上げているときも下げているときもさまざまな業界――製造業、メディア、防衛、消費財、金融サービスなど――で会社を運営してきた。また、彼らの会社は規模も成熟度も多岐に渡っている。どの会社も流行の簡単にまねできる小売り方法を採用していたわけでも、ライバルにはない知的財産といった優位性を持っていたわけでもないが、それでもライバルを大きく上回るパフォーマンスを上げていた。

シングルトンと同様、彼らも独自の、ほかとは著しく違う手法で事業を運営し、同業他社やマスコミから大いに意見されたり疑問視されたりしていた。そして面白いのは、彼らがそれぞれ独自にその手法を生み出したにもかかわらず、結局みんな同じような因習打破的手法に至っていたことである。言い換えれば、彼らの因習打破主義にはパターンがあり、これは桁外れのリターンと極めて相関性が高い成功の青写真なのかもしれない。

彼らは、普通のＣＥＯとは別の世界で経営しているように見える。彼らは小さくて知的な村の住人で、そこには共通の原則と世界観がある。私は、この世界をシングルトン村と呼ぶことにした。この村の選び抜かれた住人たちは、次のことを特によく理解している。

●CEOの最も重要な仕事は資産配分。
●長期的に重要なことは、全社的な成長や規模ではなく、一株当たりの価値。
●長期的な価値を決めるのは、報告利益ではなくキャッシュフロー。
●分権組織は起業家的なエネルギーを放出し、コストと「怨恨」を減らす。
●長期的な成功には独自の考え方が不可欠で、外部からの助言（ウォール街やマスコミなど）は気が散るし時間の無駄。
●最高の投資先が自社株のこともある。
●買収においては忍耐が肝心だが、ときには大胆さも必要。

面白いことに、彼らの因習打破主義は、地理的にも強化されているケースが多い。彼らの多くが、ボストンやニューヨークといった金融の中心地を外れた地――デンバー、オマハ、ロサンゼルス、アレキサンドリア、ワシントン、セントルイス――で事業を運営している。この距離が、ウォール街の常識という騒音から彼らを隔離する助けになっている（アメリカ北東部に拠点を置く二人のCEOにも、特徴のない地域を好むという共通点があった――ディック・スミスの会社は郊外のショッピングモールの裏手だし、トム・マーフィーの会社はマンハッタンと言ってもミッドタウンのかつて住宅地だったところで、ウォール街からは六〇ブロックも離れている）。

シングルトン村の住人であるアウトサイダーCEOたちは、性格にも興味深い共通点がある。彼らはだいたいにおいて質素で（伝説になっている人も多い）、謙虚で、分析的で、控えめだ。彼らは家族を大切にし、子供の学校行事のために早退することもよくある。そして、CEOの社外向けの顔という役割があまり好きではない。彼らは、商工会議所でスピーチをしたり、ダボス会議に出席したりしない。ビジネス雑誌の表紙を飾ることもめったにないし、経営に関する助言的な本を書くこともない。騒がしくもないし、何かを売りつけようともしないし、なれなれしくもないし、カリスマオーラも放っていない。

彼らは、スティーブ・ジョブズやサム・ウォルトンや、ハーバート・ケルハー（サウ

図 P.1　S&P500と比較したリターン

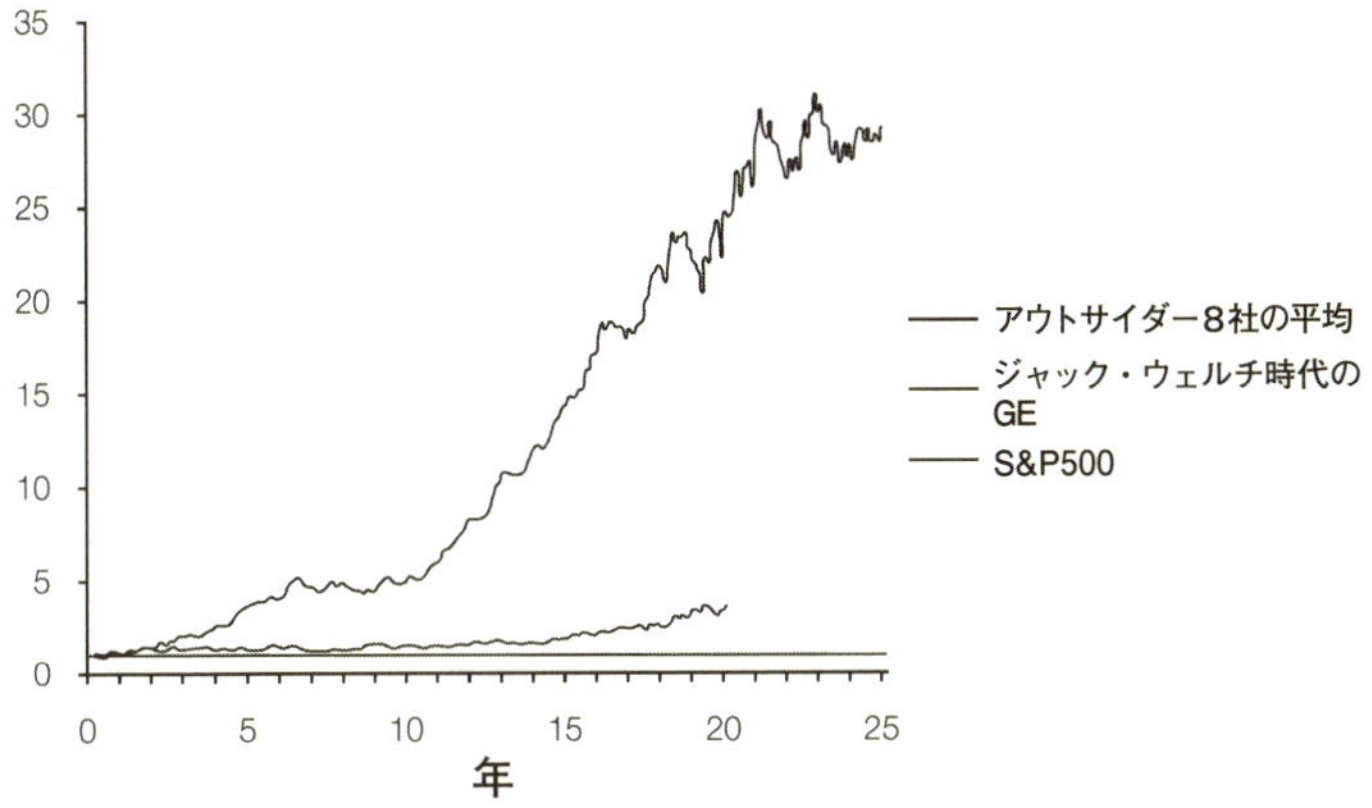

スウエスト航空）やマーク・ザッカーバーグなどといった有名CEOとはかなり違っている。この種のCEOは天才肌で、ビジネス界のアイザック・ニュートンであり、ニュートンのリンゴのように飛び抜けて強力なアイデアを熱狂的とも言える集中力と決断力で実現させた。ただ、天才たちの状況や環境はそれぞれが異なっており、彼らの仕事ぶりから得られる教訓もほとんどの企業幹部にとってそのまま応用できるものではない。

一方、アウトサイダーCEOたちはウォルトンやケルハーのようなカリスマ性もなければ、ジョブズやザッカーバーグのようにマーケティングの天才でも技術

図P.2　同業他社の平均リターン

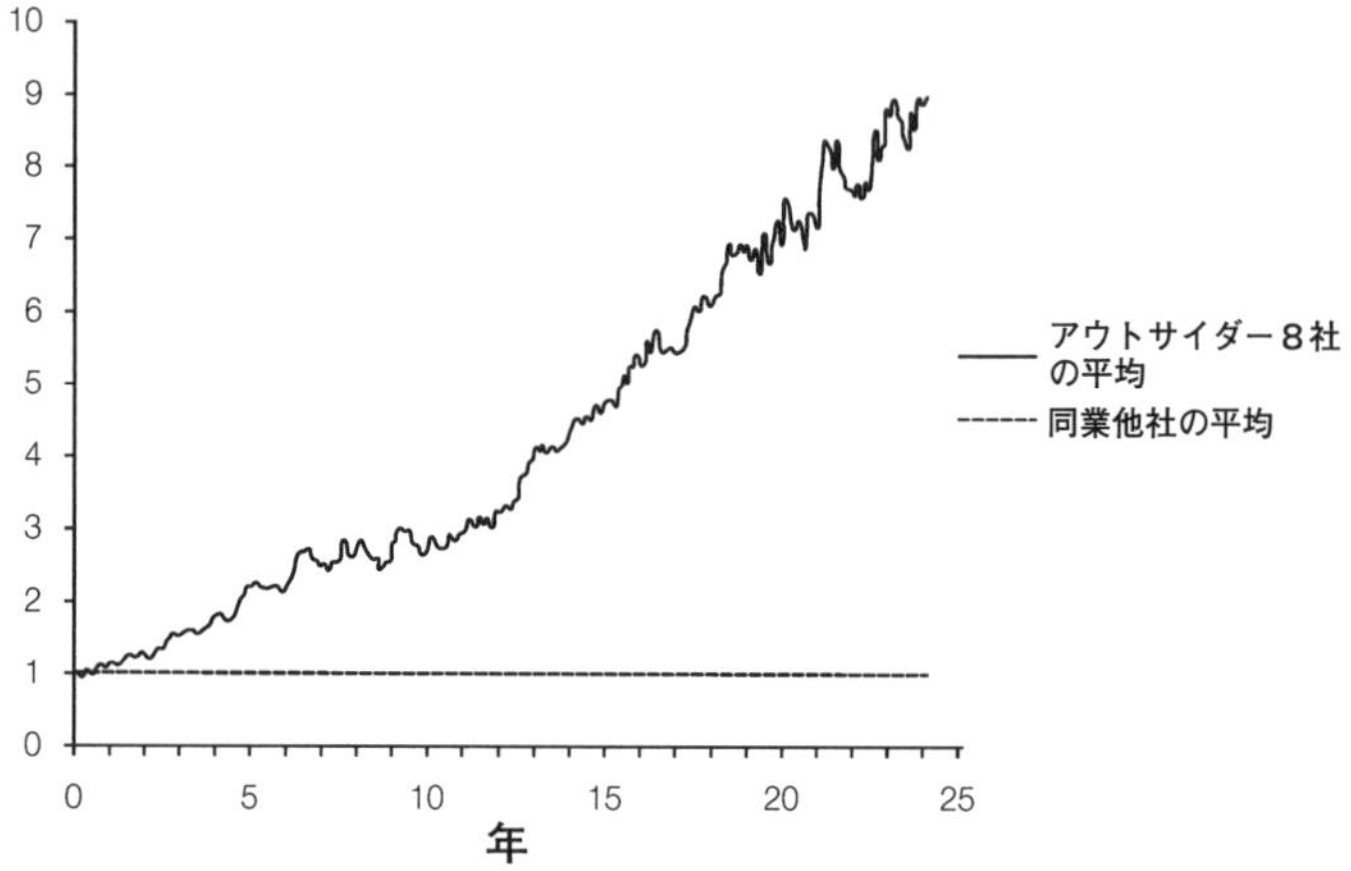

の天才でもない。実際、彼らの環境は、アメリカの典型的な企業幹部のそれと非常に似ている。ただ、彼らの上げたリターンは平凡とはほど遠い。**図P.1**と**図P.2**が示すとおり、彼らはS&P五〇〇の二〇倍以上、同業他社の七倍以上のパフォーマンスを上げたのである。本書では、彼らがどのようにしてこれほどのリターンを上げることができたのかを詳しく見ていく。そのためには、ウォーターゲート事件のディープ・スロートが示唆した「カネの流れを追え」に従って、アウトサイダーCEOたちが株主のリターンを最大にするために下した主要な決断と、今日の

経営者や起業家にも有効な教訓を詳しく見ていくことにする。

序章――知的な因習打破

「みんなと違うことをしなければ、優れたパフォーマンスを上げることはできない」
――ジョン・テンプルトン卿

ニューヨーカー誌のライターのアトゥール・ガワンデは、医学の世界で著しく効果的なパフォーマンスを表現するのに「肯定的な逸脱」という言葉を使っている。ガワンデにとって、パフォーマンスを改善するために外れ値を研究することは自然なことなのである（注1）。

そして、これは医学のみならず、法律、政治、スポーツの世界でも行われているのに、なぜかビジネスの世界では、最高のパフォーマンスを上げている人たちの詳しい研究がなされていない。私は、ヘンリー・シングルトンについて調べたあと、ハーバード・ビジネス・スクールに在籍する才能あふれる学生たちの協力を得て、ライバル企業やジャック・ウェルチ（マーケットのパフォーマンスをはるかに上回っていたという意味で）を大きく上回っている企業がないか探し始めた。すると、序文で紹介したウォーレン・バフェットの言葉のとおり、そのような企業（およびCEO〔最高経営責任者〕）は非常にまれだということが分かった。ハーバード・ビジネス・スクールのベーカー図書館で大規模なデータベースを調査した結果、この二つを上回る企業はわずか七社しか見つからなかったのだ。

面白いことに、これらの企業はテレダインと同様、一般的によく知られた企業ではなかった。そしてそのCEOたちも、今日マスコミに頻繁に登場しているCEOたちよりもはるかに優れたパフォーマンスを上げているのに、ほとんど知られていなかった。

マスコミは、現代の成功したCEO――ウェルチはその典型――について、カリスマ性があり、豪華な社屋で猛烈に働くMBA（経営学修士）軍団を従えて活動的に動き回るリーダーなどと描写する。移動は社用機を使い、多くの時間を社内を回ったり、ウォ

ール街のアナリストと会ったり、会議に出席したりすることに費やしている。このように目まぐるしく動き回る彼らは「ロックスター」と形容されている。彼らは有名企業の最高幹部時代に十分な調査をへて引き抜かれ、CEOに就任したケースが多い。

二〇〇八年九月にリーマン・ブラザーズが破綻して以来、この種の有名CEOは当然ながら非難されるようになった。彼らは欲深く(詐欺的かもしれない)、社用機で飛び回って労働者を冷酷に解雇し、株主の価値を破壊する大型案件をまとめるような人物だと思われている。要するに、リアリティー番組「アプレンティス」のドナルド・トランプのイメージだ。この番組で、トランプは強欲で尊大で上昇志向が強いことを隠さない。ベンジャミン・フランクリン的な価値観とはほど遠い人物像である。

しかし、シングルトン村の住人は、このような固定概念を良い意味で覆してくれる。彼らは全員、経営の経験がほとんどなく、初めてのCEO就任だった。それ以前に注目を集めるような地位にいた人もほとんどいないし、ひとりを除いてその業界や会社の経験すらなかった。MBA修得者も二人しかいない。彼らは全員、注目を集めることもそれを求めることもない。むしろあまり知られておらず、一部の洗練された投資家や信奉者のみに評価されている。

彼らはみんな古風で、近代以前の価値観を持っており、そのなかには倹約、謙遜、独立心、そして保守的さと大胆さという珍しい組み合わせが含まれている。彼らの会社には必要最低限のものしかなく（そのことについてことさら誇りを持っている）、社用機を持つような目立つことを嫌い、注目を浴びることはできるかぎり避け、ウォール街やマスコミともほとんど交流しない。また、銀行や顧問など外部の助言者をあえて使わず、自分と厳選した一握りの人たちの考えのみを参考にする。ベンジャミン・フランクリンも彼らのことは気に入るだろう。

彼らは幸せな結婚生活を送る中年の男女で、平和で、安定し、静かで、博愛的な生活を送っているように見える。しかし、仕事に関しては慣習的でもぬるま湯的でもない。彼らは肯定的な逸脱者で、極めて因習打破的なのである。

因習打破主義者という言葉は、ギリシャ語の「聖像を破壊する人」に由来している。そして、現在では決然と新しいことに挑み、変人と呼ばれることに誇りを持っている人のことを指す。本来の因習打破主義者は聖像がある社会（あるいは礼拝所）の外からやって来る。彼らは社会規範や慣習に異議を唱え、古代ギリシャでは恐れられていた。本書で紹介するＣＥＯたちは、まったく恐ろしくはないが、古代の先祖たちと興味深い共通点がある。彼らもアウトサイダー（部外者）で、長年受け入れられてきた慣習的な手法（例えば配当を支払う、自社株買いをしないなど）を拒絶し、自身の非正統性を楽しんでいる。

そして、シングルトンと同様、彼らも常に同業者たちとは非常に異なる決断を下してきた。ただ、彼らは慣習にやみくもに逆らってきたのではない。彼らは知的な因習打破主義者で、綿密な分析と、業界やウォール街の常識とははっきりと違う独自の基準を用いていることが多い。

つまり、彼らの因習打破はマイケル・ルイスの『マネー・ボール』（注2）の主人公であるビリー・ビーンのそれとよく似ている。恒常的に資金難の球団であるオークランド・アスレチックスのゼネラルマネジャーだったビーンは、統計分析を武器に金持ち球団に挑んだ。彼の手法は、新しい基準――出塁率と長打率――のほうが伝統的な打撃三部門――本塁打、打率、打点――よりもチームの勝率との相関性が高いことに基づいていた。

ビーンの分析的洞察は、ドラフトからトレード戦略、試合中の盗塁か犠牲バントか（ちなみにどちらもノー）まで、アスレチックス運営のすべてに及んでいた。彼の手法はすべての分野において極めて型破りだったが、大いに成功し、選手の年俸総額がリーグで下から二番目のチームを最初の六年間で四回プレーオフに進出させた。

ビーンと同様、シングルトンと七人のCEOもそれぞれ自分の事業において独自の因習打破的な手法を生み出し、同業者やマスコミからたくさん意見されたり、疑問視されたりした。そして、やはりビーンと同様、桁違いの結果を出し、軽々と伝説の経営者ウェルチや同業他社を軽々と上回るパフォーマンスを上げた。

彼らの経歴はさまざまで、月を周回した宇宙飛行士から、ビジネス経験がまったくなかった未亡人、家業を受け継いだ人、学問の道でもやっていけた博士号を持つ二人、会社を経営したことがなかった投資家などである。ただ、彼らは全員初めてCEOになったこと以外にも、事業に対する新たな視点や、深く根づいた合理性など重要な共通点があった。

アイザイア・バーリンが書いたトルストイに関する有名なエッセイがある。このなかで、バーリンはたくさんのことを知っている「キツネ」と、ひとつだけ深く知っている「ハリネズミ」を比較して教訓を与えている。世の中のCEOはほとんどがハリネズミ的で、その業界で成長し、トップに就いたときはすべてを把握している。ハリネズミ的であることには、専門化、特化、集中などたくさんの利点がある。

ただ、キツネもたくさんの魅力的な資質を持っており、そのなかには分野を超えたつながりや、新しい手法の導入などが含まれている。ちなみに、本書のCEOたちは間違いなくキツネである。彼らはほかの会社や業界や分野を知っており、その多岐に渡る知識が新しい視点をもたらし、それが新しい手法を生み出す助けになり、並外れた結果をもたらしたのである。

バークシャー・ハサウェイの一九八六年の年次報告書のなかで、ウォーレン・バフェットはCEO就任からの二五年間を振り返り、その間に得た最も大事な教訓は意外にもティーンエイジャーが仲間から受けるプレッシャーのような謎めいた力を経験したことだと書いている。CEOとして同業他社と同じようにしなければならないと感じたというのだ。彼はこの強力な力を社内のあらゆるところにはびこる組織由来の旧習と呼び、効率的なCEOは何らかの方法でそれをかわしていかなければならないと警告している。

実は、本書で紹介するＣＥＯはみんなこの油断のならない強力な旧習の影響を避けることができた人たちと言える。どのようにしたのだろうか。彼らは経営理念（組織とその文化に広がる世界観）のなかに防衛手段を見つけ、事業運営と資本配分の判断を自ら下すことによってそれをかわしてきた。面白いことに、彼らは業界も環境もまったく異なるなかで独自にそれぞれの経営理念に至ったにもかかわらず、その内容は驚くほど似ている。

彼らの会社は極めて分権化されており、少なくとも一件は大型買収を行っており、キャッシュフローに基づいた独自の基準を持っており、かなりの自社株買いをしている。また、配当金に大きな資金を割いたり、ウォール街に情報提供したりすることはない。どの会社も、同業者やマスコミから冷笑や戸惑いや疑問の目を向けられたことがある。そして、みんな長期間にわたって（平均二〇年以上）、信じがたいほど素晴らしいパフォーマンスを上げてきた。

ビジネスの世界には伝統的に、事業を運営する人たちと、それに投資する人たちという二つの役割がある。因習打破的なＣＥＯは、トップの仕事には新しくて繊細な思考が必要であり、カリスマ的なリーダーシップではなく、社内の資源を注意深く育てていくべきだということを教えてくれている。

結局、本書のCEOたちの考えは経営者というよりも投資家に近い。基本的に彼らは自分の分析力に自信があり、まれに価値と価格の差が十分大きくなったときに大胆に行動できるよう準備を整えている。自分の会社の株価が下げているときはそれを買い（それも大量に買うことが多い）、高いときはそれを使って他社を買収したり、将来成長するための資金を安く調達したりする。しかし、もし有力な計画が見つからなければ、彼らは待つこともできるし、それがかなり長くなることもある（ゼネラル・シネマのディック・スミスの場合はまる一〇年にも及んだ）。長期的に見れば、この系統的に安く買って高く売るという手法は、株主に並外れたリターンをもたらしてきた。

彼らがこのようにCEOの仕事を作り変えたのは、その変わった経歴に由来している。彼らはみんなそれぞれの会社のアウトサイダーだからだ。彼らはみんなそこで初めてCEOになり（半数はCEOに就任したとき四〇歳にも満たなかった）、ひとりを除いてその業界の経験すらなかった。過去の経験や業界の常識にとらわれない彼らの実績は、新鮮な見方がもたらす偉大な力を示している。この新鮮な視点は、いつの時代もさまざまな分野で革新をもたらす触媒になってきた。科学の分野では、パラダイムシフトの概念を考案したトーマス・クーンが、最大の発見はほぼ必ず非常に若い新人によってなされるということを発見した（中年の元印刷業者のベンジャミン・フランクリンが避雷針を発明し、特許庁の職員だった二七歳のアインシュタインが相対性理論を提唱したことを考えてみてほしい）。

このように、キツネ型のアウトサイダーの視点は、差別化した手法を生み出す助けになり、経営理念全体に新たな力をもたらした。彼らはみんな独立心が強く、ウォール街との交流を避け、外部顧問を使わず、自ら考える人を必要とする分権組織を好んでいた。

暗黒の時代――一九七四～一九八二年

アウトサイダーCEOたちの手法が今日も妥当かどうかを評価するためには、今日のように広範囲に経済が低迷していた第二次世界大戦後（厳しかった一九七四～一九八二年）に彼らがどのようなかじ取りをしてきたのかが参考になる。

この時期のアメリカは、海外からの石油危機と、悲惨な財政政策と金融政策、そしてアメリカ史上最悪の政治スキャンダルに見舞われていた。さまざまな悪材料は八年間に及ぶ深刻なインフレと二回の恐慌（と弱気相場）をもたらし、金利は一八％、石油価格は三倍、そして、一〇〇年以上なかった現職の大統領の辞職という事態にまで至った。この暗黒の時代の真っただ中の一九七九年八月、ビジネスウィーク誌は「株は死んだのか」という有名な特集記事を掲載した。

当時も今と同じような不確かで怖い時代で、経営者たちはやる気を失っていた。しかし、アウトサイダーたちは全員ＣＥＯとして最も活発な時期を迎えていた。全員が自社株を大量に買い戻したり、大型買収を繰り返したりしていたのである（トム・マーフィーの場合は両方）。彼らは、バフェットの言葉を借りれば「ライバルがひどく『おびえて』いたときに、非常に『貪欲に』活動していました」（二〇〇六年七月二四日に著者が行ったウォーレン・バフェットへのインタビューより）。

マルコム・グラッドウェルはベストセラーとなった『天才！　成功する人々の法則』（講談社）のなかで、さまざまな分野において専門家になるためには一万時間の練習が必要だという経験則を紹介している（注3）。それでは、この経験則と新人CEOの驚異的な成功はどう結び付くのだろうか。もちろん本書のCEOたちがトップの座に就く前に経営者として費やした時間は一万時間とはほど遠い。もしかしたら、彼らの成功は、専門性と革新の重要な違いを指摘しているのかもしれない。

グラッドウェルの法則は達人になるための助言であり、これは必ずしも革新と同じではない。本章冒頭のジョン・テンプルトンの言葉にもあるように、相対的に見て並外れたパフォーマンスを上げるために必要なのは新しい考え方であり、本書のCEOたちに共通する世界観の中心にあるのは、合理性とデータ分析と自分で考えることを追求していくことなのである。

八人のCEOたちはカリスマ的な予言者でもないし、壮大な戦略を描いたわけでもない。彼らは実践的で、不可知論者的な資質を持ち、集中しやすい状況を作ることで意図的に常識という騒音を避け、文化や交流の仕方には一定の辛辣さがある。科学者や数学者はよく複雑さの「反対側」にある明瞭さについて語るが、本書のCEOたち——全員が数字に明るいこと、つまりMBAよりも工学を勉強した人のほうが多い——も単純さを追求する天才で、うるさい同業者やマスコミに巻き込まれることなく、事業の経済特性に照準を合わせることができる人たちだった。

これによって、アウトサイダーCEO全員がウォール街の聖域である報告利益をやみくもに追い求めるのではなく、キャッシュフローに集中することができるようになった。上場企業のほとんどのCEOが、ウォール街が好む基準である四半期の純利益を最大にすることに力を注ぐ気持ちは理解できる。ただ、純利益は少しあやふやな指標で、債務や税金や設備投資や過去の買収などによって大きく歪められていることがある。

その結果、アウトサイダーたち（その多くがあえて複雑な貸借対照表や積極的な買収計画や高水準の債務を保持している）は、長期的な価値を生み出すためにはフリーキャッシュフローを最大にすることが重要だと確信している。そして、現金重視の姿勢は経営全般——買収の決済方法から貸借対照表の内容、会計方針、給与体系まで——に及んでいる。

この確固たる現金主義は彼らの因習打破の基本であり、それぞれの企業の戦略を形作る厳選した経営指標にレーザー光線のように集中し続けることを可能にしている。ちなみに彼らの方向性はたいてい同業他社のそれとはかなり違っている。一九七〇年代と一九八〇年代のシングルトンにとって、これは自社株買いだった。ジョン・マローンにとっては、ケーブルテレビの加入者をひたすら増やすことだった。ビル・アンダースにとっては非中核事業の売却で、ウォーレン・バフェットにとっては保険のフロートを生み出し、活用することだった。

彼らに共通する世界観の核となっているのは、CEOの最大の目的が組織の拡大ではなく、一株当たりの長期的価値を最大にすることだという信念である。これは当たり前のことのように見えるかもしれないが、アメリカのビジネス界には大きくなりたいという思いが深く染み付いている。大企業はマスコミから注目され、幹部の報酬が高く、一流企業の取締役会やクラブなどへの誘いも多くなる。そのため、これらの企業が積極的に縮小することはめったにない。ところが、本書のCEOたちはほぼ全員が自社株買いによって発行株数を大幅に減らしている。また、彼らのほとんどが資産の売却やスピンオフで事業も縮小しているし、業績が低い部門はためらうことなく売却したり廃業したりしている。ちなみに、規模の拡大と株主の価値を最大化することは、ほとんどの場合関係がない。

このように実践的に現金に集中することと、因習打破を誇りとする精神（一抹の辛辣さをにじませている）は、一九七九年に珍しくフォーブス誌のインタビューに応じたシングルトンの言葉が実証している。「いくつかの買収を行ったあと、私たちはそれらの事業について熟考しました。そして、結局大事なのはキャッシュフローだという結論に達しました。……現金を生み出すことと資産管理を重視する姿勢は、自分でよく考えて得た結論です。だれかのまねをしたわけではありません」

第1章

リターンの永久機関——トム・マーフィーとキャピタル・シティーズ・ブロードキャスティング

「トム・マーフィーとダン・バークはこれまでも、おそらくこれからも経営の世界で最高の二人組と言えるだろう」——ウォーレン・バフェット

ウォーレン・バフェットは、ビジネス・スクールの講義で経営が長期リターンにもたらす甚大な影響について説明するとき、トム・マーフィーが経営するキャピタル・シティーズ・ブロードキャスティングとCBSのライバル関係を、手漕ぎボートとQE2（クイーン・エリザベスⅡ号）が大西洋横断を競うことに例える。

マーフィーがキャピタル・シティーズのCEO（最高経営責任者）に就任した一九六六年、CBSは伝説の経営者ビル・ペイリーの下でアメリカの主要メディアとして君臨し、アメリカ最大の市場でテレビ局とラジオ局を運営する一流の放送局だった。そのう

え、同社は価値の高い出版資産や音楽資産も所有していた。一方、当時のキャピタル・シティーズは小さな市場で五つの放送局と四つのラジオ局を運営する会社だった。ちなみに、CBSの当時の時価総額はキャピタル・シティーズの一六倍に上っていた。しかし、それから三〇年後、マーフィーがキャピタル・シティーズをディズニーに売却したとき、この会社はCBSの三倍の価値になっていた。言い換えれば、手漕ぎボートが圧勝したのだ。

とても埋まらないように見える二社のギャップを、マーフィーはどのようにして克服したのだろうか。答えは経営手法の根本的な違いにある。CBSは一九六〇年代と一九七〇年代の大部分に、放送網と放送局が生み出す莫大なキャッシュフローを使っておもちゃ事業やニューヨーク・ヤンキースといった新規分野の買収を積極的に進めた。また、買収資金の一部を新株発行によって調達したり、マンハッタンのミッドタウンに巨額を投じて派手な自社ビルを建てたり、社長と副社長合わせて四二人もいる組織形態を作り上げたりした。バフェットのパートナーのチャーリー・マンガーの言葉を借りれば、「繁栄によって不要なコストに無関心になっている」（注1）状態だった。

ペイリーの戦略は、複合企業が繁栄した時代の常識に沿ったものだった。当時は、「多角化」「相乗効果」といったとらえどころのないメリットをうたって本業と無関係な事業の買収を正当化し、本業と組み合わせれば魔法のように利益が増え、景気循環に左右されない体制を作ることができると考えられていたのだ。つまり、ペイリーの戦略の本質は、ＣＢＳを大きくすることだった。

反対に、マーフィーの目標は会社の価値を上げることだった。彼はこのことについて「目標は一番長い列車を持つことではなく、最低限の燃料で目的の駅に最初に到着することです」**（注２）**と語っていた。マーフィーと彼の「補佐官」ダン・バークの下で、キャピタル・シティーズは多角化を拒み、得意のメディア事業にレーザー光線のごとく集中し、異例なほど合理化された複合企業を作り上げた。マーフィーはたくさんのラジオ局とテレビ局を買収し、それらを見事に運営し、定期的に自社株買いをし、のちにはＣＢＳのライバル局であるＡＢＣを買収した。どちらが正しかったのかは、相対的な結果が物語っている。

マーフィーがペイリーのＱＥ２を追い抜いた方法は極めて単純で、魅力的な経済特性がある業界に集中し、ときには選択的にレバレッジを使って大型買収を行い、業務を改善し、債務を返済するということの繰り返しだった。フォーブス誌のインタビューでマーフィー自身が簡潔に述べているように、「私たちは機会を見て資産を買い、その利用方法を考え、業務を改善し、……それまで以上の利益が上がるようにします」(注3)。ただ、面白いことにほかのメディア企業がマーフィーの路線に追従することはなかった。ライバルたちはむしろCBSのように無関係な事業に多角化するという流行の道を選び、本社の人数を増やし、人気のメディア資産に過剰な資金をつぎ込んでいった。

マーフィーが経営するキャピタル・シティーズは、いわゆる「ロールアップ」の極端な成功例と言える。通常、ロールアップでは企業が一連の買収を行って業務を改善し、最高の経営を行うことで時間をかけて規模の利益を生みだしていく。この概念は、一九九〇年代半ばから後半にかけて流行したが、二〇〇〇年初めに多くのトップ企業が過大な債務に耐えかねて破綻したことで終焉した。これらの企業は性急に買収を重ねていったが、買収した企業を統合して業務を改善することの難しさと重要性を甘く見すぎていた。

一方、マーフィーのロールアップの取り組み方は違っていた。彼はゆっくりと事業運営の専門性を高めていき、勝率が高いと分かっている少数の大型買収のみに集中した。マーフィーの下で、キャピタル・シティーズは事業運営と資本配分の両方が極めてうまく行われた。彼は私に、「事業運営の難しさは、日々の多くの何気ない判断のなかに、経営を左右するような大きい判断が紛れ込んでいることです」と教えてくれた。

トム・マーフィーは一九二五年にニューヨークのブルックリンに生まれた。第二次世界大戦では海軍に所属し、退役後は服役軍人援護法の支援を受けてコーネル大学を卒業するとハーバード・ビジネス・スクールに進んだ。彼は、伝説の学年と言われている一九四九年卒業組のなかでも卓越した存在だった（この学年には将来のＳＥＣ［証券取引委員会］会長をはじめ、のちの有名起業家やフォーチュン五〇〇社のＣＥＯなどが何人も在籍していた）。ハーバード・ビジネス・スクール卒業後、マーフィーは一般消費財大手のリーバ・ブラザーズで製品担当の責任者として働き始めた。彼の人生の大きな転機は、お酒の飲めない彼にとっては皮肉なことだが、一九五四年夏にニューヨーク州スケネクタディの両親の家で行われたカクテルパーティーに参加したときに訪れた。マーフィーの父親は地元の著名な判事で、パーティーには父親の長年の友人であるフラン

ク・スミスも招かれていた。スミスは著名な放送ジャーナリストのローウェル・トーマスのビジネスマネジャーで、経験豊富な起業家でもあった。

スミスはすぐにマーフィーに目を付け、彼が最近手に入れたＷＴＥＮについて語り始めた。ＷＴＥＮは、ニューヨーク州オルバニーにある経営不振の短波テレビ局で、破産寸前のところをスミスが買ったばかりだった。このテレビ局はかつて女子修道院だった場所にあるということだった。若きマーフィーは、その日のうちにニューヨークの一流企業を辞めてオルバニーに移り、ＷＴＥＮを経営することを約束した。しかし、彼には放送業界の経験も経営者としての経験もまったくなかった。

スミスは最初からこの会社をマンハッタンの事務所で経営し、日々の業務はほとんどマーフィーに任せていた。二～三年は赤字が続いたが、マーフィーは番組を改善し、積極的にコスト削減に取り組んで、ＷＴＥＮを安定的に現金を生み出す会社に作り変えた。このときの手法は、それ以降もずっと使っていくことになった。一九五七年、スミスとマーフィーはノースカロライナ州ローリーで二つ目のテレビ局を買った。そして、ロードアイランド州プロバンスで三つ目のテレビ局を買ったあと、社名をキャピタル・シティーズに変更した。

一九六一年、マーフィーはオルバニーの自分の後任として、ハーバードのMBA（経営学修士）を修得した三〇歳のダン・バークを雇った。彼も放送業界の経験は皆無だった。バークが兄の紹介でマーフィーと初めて会ったのは一九五〇年代後半で、兄のジム・バークはマーフィーのハーバード・ビジネス・スクールの同級生だった。ジム・バークは当時、ジョンソン・エンド・ジョンソンで頭角を現しつつあった若きエリートで、のちにCEOまで上り詰めた。一九八〇年代半ばに起こったタイレノール事件での優れた対応でも知られている。一方、ダン・バークは朝鮮戦争に従軍したあとハーバード・ビジネス・スクールに入学し、一九五五年に卒業した。そしてゼネラル・フードでジェロー（ゼリーの素）の製品責任者として働いていたが、一九六一年にキャピタル・シティーズに転職した。マーフィーはすぐに無駄のない分権組織の概念をバークにたたき込み、それをバークがのちに体現することになる。

ニューヨークに移ったマーフィーは、スミスと共に買収によって会社を育て上げていった。二人の下でキャピタル・シティーズは四年ほど厳選したラジオ局とテレビ局を買収していったが、一九六六年にスミスが亡くなった。

スミスの死後、マーフィーは四〇歳でCEOに就任した。同社の前年の収益はわずか二八〇〇万ドルだった。マーフィーが最初にしたことは、バークを社長兼COO（最高執行責任者）に昇格させることだった。二人は素晴らしいパートナーで、明確な分業ができていた。バークは日々の業務を運営し、マーフィーは買収と資産配分と、ときにはウォール街との交流を行った。バークは、「私たちの関係は、お互いの尊敬のうえに成り立っています。私はマーフィーの関心がない部分を補っていきたいと思いました」と話してくれた。バークは「私の仕事はフリーキャッシュフローを生み出すことで、マーフィーの仕事はそれを使うこと」（注4）と考えていた。バークは、パートナーのCEOが長期戦略と資産配分に集中できる環境を整えるために、並外れて強力なCOOとして業務をきちんと監督していくという重要な役割を担っていた。

マーフィーはCEOに就任するとすぐにその手腕を発揮した。まず、一九六七年に二〇〇〇万ドルでKTRK（ヒューストンにあるABCの系列局）を買収し、これは当時、放送業界で史上最大の買収だった。一九六八年には、四二〇〇万ドルでフェアチャイルド・コミュニケーション（業界誌では最大の出版社）を買収した。そして一九七〇年にはそれまでで最大の買い物となったトライアングル・コミュニケーションズをウォルター・アネンバーグから一億二〇〇〇万ドルで買い取った。これによって、キャピタル・

シティーズは当時ＦＣＣ（連邦通信委員会）が上限としていた五つの超短波テレビ局を所有することになった。

次にマーフィーが目を向けたのは新聞社だった。新聞も広告収入ビジネスで、利益率が大きく参入障壁が高く、放送事業と類似点が多かった。一九七〇年代初めに小さな日刊紙を数社買収したあと、マーフィーは一九七四年にフォート・ワース・テレグラム紙を七五〇〇万ドル、一九七七年にはカンザス・シティ・スター紙を九五〇〇万ドルで買収した。その後も関連事業にさらなる成長分野を探し続けた彼は、誕生したばかりのケーブルテレビに目を付け、一九八〇年にケーブルコムを一億三九〇〇万ドルで買収した。

また、一九七〇年代半ばから一九八〇年代初めにかけた長期の弱気相場では積極的に自社株買いをし、五〇％近い株をＰＥＲ（株価収益率）一桁台の価格で買い戻した。一九八四年になると、ＦＣＣが放送局の所有規制を緩和したため、マーフィーは一九八六年一月にＡＢＣネットワークと同社が所有する放送資産（ニューヨーク、シカゴ、ロサンゼルスなど大都市圏のテレビ局を含む）を約三五億ドルで買収するという偉業を成功させた。このときの資金を融資したのは、友人のウォーレン・バフェットだった。

このＡＢＣの買収はキャピタル・シティーズの企業価値を上回る買い物で、石油、ガス関連の買収を除けば当時ビジネス史上最大の買収案件であり、マーフィーにとっては社運を賭けた巨大取引だった。この買収はメディア業界を驚かせ、ウォール・ストリート・ジャーナル紙は「小魚がクジラを飲み込んだ」という見出しを掲げて歓迎した。この契約が締結されるときに、バークはメディア業界に多額の投資をしているゴードン・クロフォードに「この買収のために、これまでの人生をかけて準備してきました」(注5)と語った。

この買収の経済的合理性の核となるのは、ABC系列のテレビ局の利益率を三〇％前半から、業界トップのキャピタル・シティーズの水準（五〇％以上）まで引き上げることができるとマーフィーが確信していたことだった。バークの監督の下、ABC系列のテレビ局の幹部は六〇人から八人に減り、旗艦局であるニューヨークのWABCの社員も六〇〇人から四〇〇人に削減した結果、利益率のギャップはわずか二年で埋まった。

バークとマーフィーは、すぐにキャピタル・シティーズ式の無駄のない分権経営を導入した。買収が完了すると、すぐに幹部専用のエレベーターや食堂などの不要な特典や重複した役職を廃止し、最初の数カ月で一五〇〇人の社員を解雇したのだ。また、事務所を整理し、不要な不動産を売却してマンハッタンのミッドタウンにあった本社ビルだけでも一億七五〇〇万ドルを回収した。ABCニュースの記者だったボブ・ゼルニックの言葉を借りれば、「八〇年代半ば以降はファーストクラスに乗れなくなりました」（注6）。

この時期のエピソードは、テレビ局幹部と無駄を嫌う起業家的な買収側との文化の衝突をよく表している。ABCのみならず、放送業界全体が贅沢に浸っていた。この業界の幹部にとって最も大事な特典のひとつは、ほんの二～三本先の通りまで昼食に出かけるにもリムジンが使えることだった。しかし、マーフィーは以前からタクシーを愛用し、ABCとの会合にも最初からすべてタクシーで出かけていった。この習慣はすぐさまABC幹部の間に広がり、キャピタル・シティーズの精神は少しずつABCの文化に浸透していった。私がマーフィーに、あえて先例を作ったのかと聞いたところ、「ほかに何に乗るというのか」という答えが返ってきた。

買収から九年後、テレビ局、出版社、ESPN（スポーツ専門チャンネル）など、ABCの主要部門すべての収益とキャッシュフローが大幅に上昇した。買収時には業界最下位だった系列局も、ゴールデンタイムの視聴率が首位となり、利益率もCBSやNBCを上回るようになっていた。

キャピタル・シティーズは、ＡＢＣの買収以降は大型買収を行わず、組織の統合と小さな買収と自社株買いに集中して取り組んだ。そして一九九三年、バークは六五歳の誕生日を迎えてすぐキャピタル・シティーズを引退し、これにはマーフィーも驚いた。バークはそのあとポートランド・シードッグスという球団を買って再生させた。このチームは今ではマイナーリーグの有力チームになっている。

一九九五年の夏、マーフィーはアレン&カンパニーがアイダホ州サンバレーで開催しているメディアの大物が集まる会合に出席した。このとき、バフェットがディズニーのＣＥＯであるマイケル・アイズナーと話をするよう勧めた。マーフィーは七〇歳になっており、有力な後継者もいなかったため、買収に興味を示していたアイズナーと会うことにした。そして数日後、マーフィーは一九〇億ドルという巨額での売却を株主に提案した。これはキャッシュフローの一三・五倍、純利益の二八倍という価格だった。マーフィーはディズニーの取締役に就任し、その後現役を引退した。

彼は、熱烈に支持する株主たちに別れを告げた。もしマーフィーがＣＥＯに就任した一九六六年に一ドルを投資していれば、ディズニーに売却したときにはそれが二〇四ドルになっていたのである。これは二九年間で一九・九%という驚くべき内部収益率で、

図1.1　キャピタル・シティーズの株価の推移

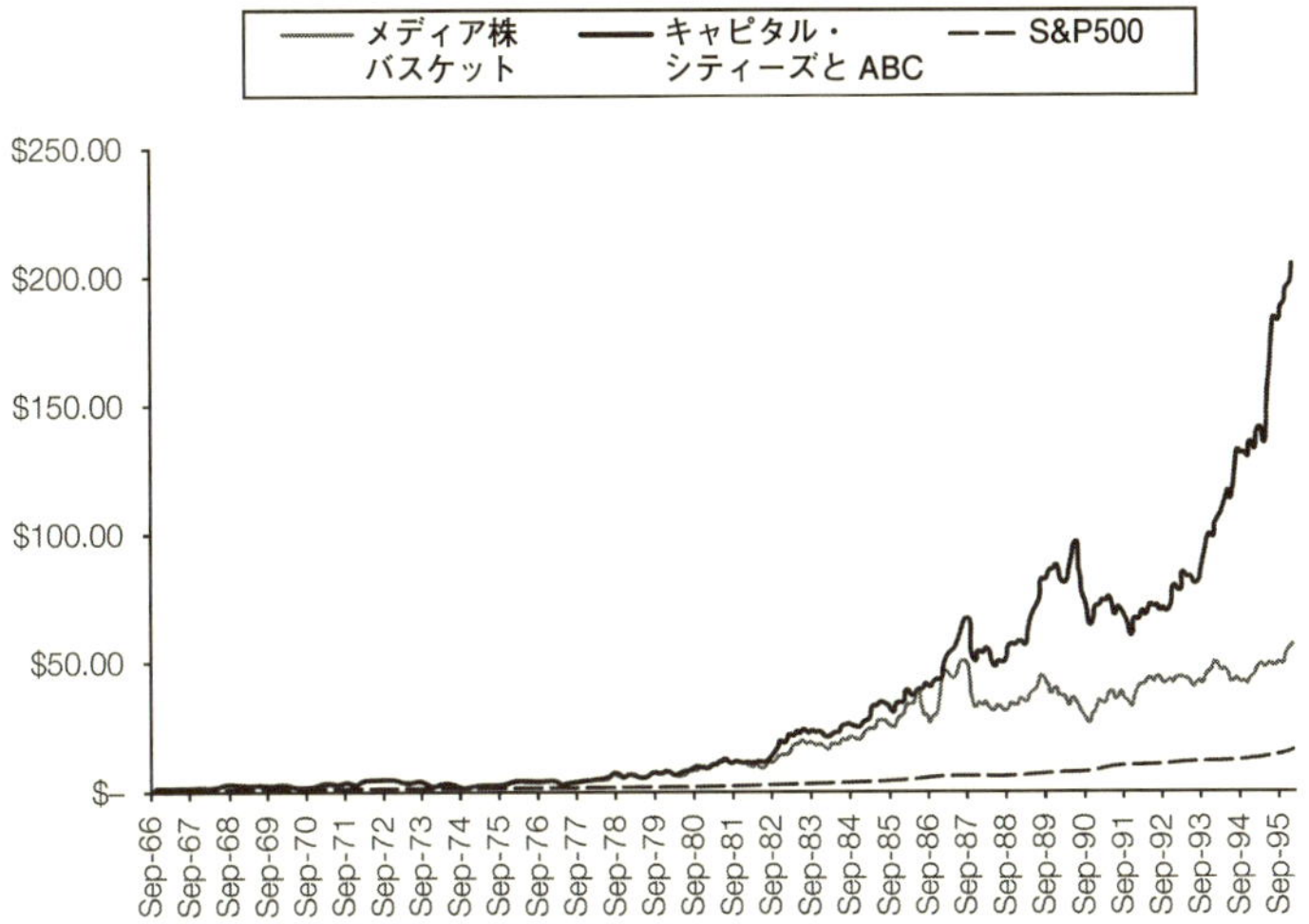

注＝メディア株バスケットにはタフト・コミュニケーションズ（1966年9月～1986年4月）、メトロメディア（1966年9月～1980年8月）、タイムズ・ミラー（1966年8月～1995年1月）、コックス・コミュニケーションズ（1966年9月～1985年8月）、ガネット（1969年3月～1996年1月）、ナイト・リッダー（1969年8月～1996年1月）、ハートハンクス（1973年2月～1984年9月）、ダウ・ジョーンズ（1972年12月～1996年1月）が含まれている

同時期のS&P五〇〇の一〇・一%や主要メディア企業の指標の一三・二%を大きく上回っていた。ちなみに、ウォーレン・バフェットもこの投資の恩恵を受け、バークシャー・ハサウェイはキャピタル・シティーズを保有していた一〇年間で二〇%以上（年率複利）の利益を上げた。**図1.1**が示すとおり、マーフィーは二九年間でS&

P五〇〇の一六・七倍、同業他社の四倍という驚くべきパフォーマンスを上げたのである。

経営のポイント

本書の主要なテーマの一つは資産配分である。

どのような会社のCEOでも、基本的に二種類の資産を分配しなければならない。資金と人材だ。前者については前に触れた。しかし、後者も極めて重要で、このことに関してもアウトサイダーCEOたちはそろって常識を覆す手法を用いている。フラットな組織と社員数を絞ることである。

分権の基本には謙虚さがあり、本部がすべての答えを持っているわけではないことと、本当の価値は現場の責任者が作っているということを認めていなければできない。キャピタル・シティーズほど本部の精神が浸透した分権を実現した企業はないだろう。

キャピタル・シティーズの特徴はその文化――事業部の責任者に驚くほどの権限が与えられている――で、その精神は毎年、年次報告書の内表紙に簡潔な一段落にまとめて記されている。「分権は、当社の理念の基盤です。私たちは、最高の人材を採用し、職務を遂行するために必要な責任と権限を与えることを目指しています。すべての判断は、現場で下されます。……当社では、責任者が……常に高いコスト意識を持ち、営業機会を見つけてそれを活用することを期待しています」

また、本部には最低限の人数しか置かず、彼らの仕事は事業部長の補佐をすることだった。販売や戦略企画や人事といったサポート部門には副社長を置かず、法律顧問や広報部もなかった（マーフィーの秘書がすべてのマスコミ対応をしていた）。キャピタル・シティーズの文化においては、発行人と局長が社内の権力と尊敬を握っており、ニューヨークの本社から目標の数値に達したかどうか聞かれることはけっしてなかった。この会社には自立した起業家的な部長を厳選し、昇進させる環境があった。マーフィーが繰り返し唱えていた人事の指針は、「できるかぎり最高の人材を採用し、ほっておくこと」だった。バークによれば、同社の極端な分権によって「コストと怨恨を抑えることができました」。

この理念を確立するためのモルモットになったのがダン・バーク自身だった。一九六一年にWTENの部長を引き継いだバークは、ゼネラル・フード時代に訓練されたとおり毎週報告書をマーフィーに送っていた。しかし、数カ月たっても何も反応がなかったため、彼は本部への報告書を書くよりも現場の事業に時間を費やしたほうがよいことに気づき、報告をやめてしまった。バークのオルバニー時代の話からも分かるとおり、「マーフィーは無政府状態と言って良いほど権限を委譲していました」(注7)。

倹約もまたキャピタル・シティーズの精神の中心的な要素だった。マーフィーとバークは早い時点で、テレビ局の収入はコントロールできないが、コストはできるということに気がついた。二人は、広告収入ビジネスに内在する収益の波に対抗するための最高の防衛策は、コストに警戒を怠らないことだと確信しており、このことはキャピタル・シティーズの文化に深く浸透していた。

実際、初期のころの伝説として、マーフィーが会社の塗料の値段まで細かく計算していたという話は頻繁に語りつがれている。マーフィーがオルバニーに着任してすぐ、スミスはスポンサーに対して見栄えがするように、スタジオとして使っていた荒れ果てた元女子修道院の建物を塗装するよう命令した。マーフィーは即座に道路に面した二面だけを塗装して、反対側は手をつけないと返事をした(「常に高いコスト意識を持つ」)。当時のWTENの写真は、今でも彼のニューヨークの事務所に飾ってある。

マーフィーとバークは、経営上のどんなに小さい判断でも（特に社員数に関しては）不測の長期コストにつながる可能性があるため、常に注意しておかなければならないと考えていた。出版部門の責任者のフィル・ミークはこの方針を素直に受け止め、出版事業全体（日刊紙六紙と数冊の雑誌、定期的な買い物情報誌など）を束ねる本部を、事務員を含めてわずか三人で運営していた。

バークは、経済効率を熱心に追求し、社内では「枢機卿」と呼ばれていた。分散した事業を運営していくため、彼は伝説となっている詳細な年間予算編成を考え出した。毎年、すべての事業部長はニューヨークで長時間の予算会議に参加する。ここで、幹部たちは翌年の事業と資本の予算を申請し、バークとＣＦＯ（最高財務責任者）のロン・ドーフラーが一行ずつ細かく確認していくのだ（バークはマイノリティの採用不足によるペナルティーを過剰なコストとして指摘することもあった）。

予算会議は形式だけのものではなく、ほぼ必ず重大な変更が加えられた。特に設備投資と経費は細かくチェックされた。部長たちは同業他社を上回るパフォーマンスを上げることを期待され、バークが「成績表」と呼ぶ利益率が重視された。ただ、部長たちはこの会議以外は干渉されず、ときには何カ月も本社から連絡がないこともあった。

しかし、キャピタル・シティーズは高い利益率のためだけに倹約していたわけではない。彼らは長期的な成長事業への投資にも力を入れていた。マーフィーとバークは、ほとんどの事業で利益を牽引しているのは収益成長と広告シェアだということに気がついており、それぞれの市場でトップになるための投資をする用意があった。

例えば、マーフィーとバークは初期のころから地元ニュースでトップになるテレビ局は広告収入のシェアが圧倒的に大きいことに気づいていた。そのため、キャピタル・シティーズ傘下の放送局は必ずニュース番組の出演者や技術に多額の投資をした。そして、驚くべきことにほぼすべての放送局がそれぞれの地域でトップになっていた。また、フォートワース・テレグラム紙の印刷工場を建設したときは、長期的な競争力を維持するためのカラー印刷の重要性を理解していたバークが、フィル・ミークが申請した予算を大幅に増額した。初期のころに同紙で働いていたフィル・ビュースは、「ただケチなのではなく、思慮深い会社でした」**(注8)**と話してくれた。

この会社は、採用方法も変わっていた。マーフィーもバークもこの会社に入るまで放送業界の経験が皆無だったため、彼らは経験よりも知性と能力と意欲を重視していた。また、二人は、才能があって若くて賢く、斬新な視点を持った「キツネ」を探していた。

買収を行ったり新しい業界に参入したりするとき、彼らはたいていキャピタル・シティーズのまったく無関係な部門の幹部を新しい事業の監督に当たらせた。例えば、ラジオの旗艦局だったデトロイトのＷＪＲを率いていたビル・ジェームスにケーブルテレビ部門を運営させたり、出版部門のトップだったジョン・シアスにＡＢＣネットワークを任せたりしたのである。そして、二人とも見事にそれにこたえた。

また、マーフィーとバークは有望な若い幹部に責任を与えることにも抵抗がなかった。マーフィーの言葉を借りれば、「私たちは運よくその機会に恵まれたので、それがうまくいくことは分かっていました」。ビル・ジェームスはラジオの経験がないまま三二歳でＷＪＲを引き継ぎ、フィル・ミークは三二歳でフォード・モーターから転職して出版の経験がないのにポインティアック・プレスを運営し、ボブ・アイガーはニューヨークでスポーツ番組の経験しかなかったのに、三七歳でハリウッドのＡＢＣエンターテインメントを任された。

キャピタル・シティーズは、離職率も低かった。ライバル会社のロバート・プライスによれば、「私たちのところには常にたくさんの履歴書が送られてきますが、キャピタル・シティーズの人の履歴書は見たことがありません」（注9）。これについては、ダン・バークがかつてフランク・スミスに言われた言葉を教えてくれた。「システムがうまく機能しており、自由で権限が使える組織を辞めることなど考えられない」

資本配分においても、マーフィーの手法は同業他社とはかなり違っていた。彼は多角化はしないし、わずかな配当しか支払わないし、めったに株も発行しないが、積極的にレバレッジを使い、定期的に自社株買いをし、長期間何もしない時期もあるが、ときどき特大の買収を行った。

キャピタル・シティーズの二つの主な資金源は、内部キャッシュフローと借り入れだった。これまで見てきたとおり、同社は安定的に業界トップ水準のキャッシュフローを生み出してきた。これがマーフィーにとっては買収や買い戻しや債務支払いやそれ以外の投資をするための信頼できる資金源となっていた。

また、マーフィーは買収資金を借り入れで調達することが多かったが、彼はこの手法について「私たちはいつも……返済が終わった資産を活用してさらに次の資産を購入しています」（注10）と言っていた。買収が完了すると、マーフィーはフリーキャッシュフローを積極的に使って負債を減らし、たいていは予定より早く完済していた。ＡＢＣの場合も、債務のほとんどを買収から三年以内に返済した。面白いことに、マーフィーは自社株買いのために借り入れをしたことはないが、事業を買うときはレバレッジを用いていた。

マーフィーとバークは、株の発行によって株が希薄化することを積極的に避けていた。ＡＢＣの買収資金を調達するためにバークシャー・ハサウェイに売却したケースを除き、ディズニーに売却するまでの二〇年余り新株を発行しておらず、むしろ自社株買いを進めた結果、発行済み株数はこの間に四七％も減少した。

マーフィーのＣＥＯ時代に、抜きん出て大きい額の資本支出は買収だった。ちなみに、最近の研究によれば、買収の三分の二は株主の価値を破壊すると言われている。それでは、キャピタル・シティーズはどのようにして買収で莫大な価値を生み出したのだろうか。買収はマーフィーの得意分野であり、最も時間を割いた仕事でもあった。彼は買収の判断をだれにも委譲せず、投資銀行も一切使わずに、効率的でライバルとは重要な違いがある独特な手法を発達させていった。

資本配分者としてのマーフィーにとって、会社が極めて分権化されていることには重要なメリットがあった。同業他社よりも利益率が高い運営ができているキャピタル・シティーズでは（それぞれの事業で最高の利益率を誇っていた）、買収すればその会社の利益率はバークの下でさらに上がることが分かっているため、実質的には割安な買収ができたのである。言い換えれば、運営と統合が得意なことは、マーフィーに確信――ときにビジネスには必要だがまれにしかないもの――を与えていたのである。

そして、確信を持っていれば、積極的に行動できる。マーフィーのリーダーシップの下、キャピタル・シティーズは極めて貪欲に放送業界史上最大の買収を三回も行い、ABCの巨額の買収はその集大成だった。この時期、同社はほかにもアメリカで最大級の新聞社数社と、ラジオ局、ケーブルテレビ局、雑誌社などを買収していった。

ただ、マーフィーは魅力的な買収先が現れるまで長期間待つこともあった。彼の言葉を借りれば、「私はただビジネスをするためではなく、良いビジネスをするために報酬を得ています」**（注11）**。しかし、気に入った会社を見つけたときには、大きく賭ける準備ができていた。彼がCEOの座にあった約三〇年間に生み出した価値の多くはいくつかの大型買収によるもので、それぞれが素晴らしい長期リターンを生み出した。これらを買収したときの金額は、キャピタル・シティーズの時価総額の二五％以上に上っていた。

マーフィーは買収先を探す達人だった。彼は、ユーモアのセンスと公正さと誠実さで知られていたが、ほかのメディア会社のＣＥＯと違って表舞台に出ることはほとんどなかった（ＡＢＣ買収後はそれが難しくなったが）。このような性格は、買収先を探すときの役に立った。彼は自分が何を買いたいか分かっていたため、何年もかけて魅力ある資産の所有者と関係を築いていった。敵対的な乗っ取りはけっして行わず、すべての買収は相手（トライアングルのウォルター・アネンバーグやＡＢＣのレオナルド・ゴールデンソンなど）と直接交渉した。

また、マーフィーは従業員を公平に扱い、運営する事業がそれぞれのマーケットで首位を維持していくなど、選ばれる買い手になるための努力を惜しまなかった。このような評判は、一九八四年にゴールデンソンにＡＢＣの買収をもちかけたときにも大いに役立った。このとき、マーフィーはいつものように控えめな態度で、「レオナルド、どうか私を追い出さないで話を聞いてほしい。君の会社を買いたいんだ」ともちかけた。

ただ、マーフィーはその慈愛に満ちた態度と活発な外見とは裏腹に、かみそりのように鋭く利益を追求していた。彼は非常に規律ある買い手で、買収には厳しいリターンの条件を課し、妥協はしなかった。テキサス州の三つの会社が絡む大手新聞社の買収では、価格が五〇〇〇万ドル以上折り合わず、成立しなかったこともある。本書のCEOたちはみんなそうだが、マーフィーも買収の査定には単純だが有力な規則を用いている。彼のベンチマークは、レバレッジなしで一〇年間に税引き後二桁リターンを上げることだった。このような規律を持って値付けを行うため、彼は何回も競売に参加したが、一回も落札したことがない。彼の入札金額はいつも最終落札価格の六〇～七〇％だったと彼自身が言っていた。

マーフィーは買収交渉の仕方も変わっていた。彼は売り手にも「何かしら残す」のが信条で、みんなが良い気分で交渉を終えるのが最高の取引だと語っていた。彼はよく売り手に対象資産の価値がどれくらいかと尋ね、もしそれが適正ならばその価格で買った（トライアングルを買ったときも、アネンバーグが税引き前利益の一〇倍と答え、その価格で合意した）。もし売り手の答えが高ければ、マーフィーは自分の最善価格を提示し、拒否されればそこで交渉を打ち切った。彼は、このような率直な方法は時間の節約になるうえ、不必要に角を立てるのも避けることができると考えていた。

マーフィーにとっては株の買い戻しも重要な支出で、このリターンを資産配分の重要なベンチマークとして長年用いていた。彼は、ＰＥＲが同業他社と比較して低くなってくると、株を買い戻した。マーフィーは長年の間に一八億ドルを買い戻しに使い、ほとんどはキャッシュフローの倍率が一桁台のときに買っていた。全体として見れば、この買い戻しはキャピタル・シティーズにとってＡＢＣ買収の次に大きな投資だったが、株主には一九年強で二二・四％（年間複利）という素晴らしいリターンをもたらした。それでもマーフィーは、今では「もっと買っておけばよかった」と言っている。

キャピタル・シティーズの驚異的な長期パフォーマンスは、メディア業界に投資をしている全国の一流投資家の称賛を集めた。ウォーレン・バフェットとマリオ・ガベリは、それぞれの時代のヤンキースの強打者――バフェットはルースとゲーリッグ、ガベリはマントルとマリス――に例えて、マーフィーとバークの経営力をたたえた。一九七二年からディズニーへの売却まで株主だったゴードン・クロフォードは、アメリカで最も影響力のあるメディア投資家のひとりだが、マーフィーとバークという比類ない組み合わせは、事業運営と資本配分によって「リターンを生み出す永久機関」（注12）を作り出したと考えていた。そのほかにも、ロイン・カニフ（投資会社）のビル・ロインや、ステート・ストリート・リサーチのデビッド・ワーゴなどキャピタル・シティーズのファンは多かった。

ちなみに、私たちが注目しているのはもちろん数値で評価できる実績だが、マーフィーは強力な文化と団結力を持ったみんなに称賛される会社を作り上げたということも記しておきたい（今でも定期的に集まっているOB会が少なくとも二つはある）。キャピタル・シティーズは、ウォール街のアナリストだけでなく、社員や広告主や地域の長からも高く評価されていた。フィル・ミークは、一九七〇年代に幹部のひとりが行きつけだったバーのバーテンがキャピタル・シティーズの株でかなりのリターンを上げた話をしてくれた。その幹部があとになってこのバーテンに投資した理由を聞いたところ、次のような答えが返ってきた。「企業のイベントをたくさん見てきましたが、キャピタル・シティーズだけはだれが上司か分からなかったからです」（注13）

出版部門

一九七〇年にトライアングルを買収すると、ＦＣＣの規定によりキャピタル・シティーズはそれ以上テレビ局を買うことができなくなった。そこでマーフィーは新聞に目を向け、一九七四年と一九七八年に、当時は出版業界で史上最大だった二件の買収（フォート・ワース・テレグラムとカンザス・シティ・スター）と、アメリカ各地の小規模な新聞社（日刊紙や週刊紙）を数社買収した。

キャピタル・シティーズの出版部門のパフォーマンスは、同社の運営能力を示す興味深い試金石となった。ジム・ヘールとフィル・ミークが率いるこの部門は、テレビ局の運営で培った経験――注意深いコスト管理と広告のシェアを最大にすること――をもとにして、新聞業界の経営手法を確立していった。

同社の主要な四紙の運営で注目すべきは、毎年収益と営業キャッシュフローが増加していたことである。そして、これらの新聞社を一九九七年にナイト・リッダーに売却したときに、平均二〇年の所有期間のリターン（年間複利）は何と二五％にも上っていた。同社最大のカンザス・シティ・スター紙の発行人だったボブ・ウッドワース（のちのピュリツァー・インクのCEO）によれば、一九七〇年代半ばには一桁台だった同紙の利益率は、一九九六年には最高三五％まで上昇し、キャッシュフローも一二五〇万ドルから六八〇〇万ドルに増加したという。

クロニクル・パブリッシング——移植成功

キャピタル・シティーズの運営と人事にかかわる独自の手法は、出版部門とABCネットワークの責任者だったジョン・シアスによって一九九〇年半ばから後半にかけて、西海岸のメディア企業であるクロニクル・パブリッシングにもうまく引き継がれた。一九九三年にクロニクルのCEOに就任したシアスは、このサンフランシスコに本部を置く家族経営のメディア企業を多角化していった。

クロニクルはサンフランシスコ・クロニクル紙やサンフランシスコにあるNBC系列のKRON、三〇万人のケーブルテレビ加入者、それに出版社などを所有していた。シアスが着任するまで、この会社はオーナー一族の小競り合いが続いており、業績は低迷していた。シアスと彼の若いCFOのアラン・ニコルスは、すぐさまキャピタル・シティーズ式の運営モデルを導入し、クロニカルの運営を根本的に変えていった。二人はすぐに本部の何層にもなっていた役職を一掃し、厳密な予算編成を行い、部長に大きな権力と自治権を与えた。しかし、部長の多くは要求が多い新しい文化になじめず、最初の一年で辞めていった。

結果は素晴らしかった。KRONの利益率は三〇%から五〇%へと二〇%も改善した（KRONは二〇〇〇年六月に七億三〇〇〇万ドルで売却された）。また、クロニクル紙（サンフランシスコ・エグザミナー紙と共同で運営するという珍しい契約になっていた）の営業利益も四%から一〇%へと二倍以上に増えた（同紙は一九九九年にハーストに六億六〇〇〇万ドルという高値で買収された）。さらに、シアスとニコルスは免税交換を使ってケーブルテレビの加入者をテレコミュニケーションズ・インク（TCI）に統合し、書籍部門を割安にオーナー一族のひとりに売却した。シアスは株主に何億ドルもの価値を提供したあと、一九九九年にクロニクルを引退した。

拡散

かつてビル・ウォルシュの下でアシスタントコーチを務めていた人の多くがNFL（米ナショナルフットボールリーグ）でコーチとして成功したり、一九五〇年代と一九六〇年代にピーター・ベント・ブリガム病院のフランシス・ムーア医師の下で学んだ人のなかに優秀な外科医がたくさんいたりするように、メディア界にはかつてキャピタル・シティーズで働いていた人たちが至る所にいる。この会社の文化と運営モデルは広く尊敬されており、クロニクルのシアスだけでなく、以前の幹部たちもディズニー（現在のトップはボブ・アイガー）を始めとするさまざまなメディア企業の役職に就いている。このなかには、LINブロードキャスティングのCEOや、ピュリツァーのCEO、ハーストのCFO、E・W・スクリップスの新聞部門のトップなどがいる。ちなみに、ダン・バークの息子のスティーブは、コムキャストのCOOを経て、現在はNBCユニバーサルのCEOを務めている。

トランスダイム――現代の生き霊

現代のキャピタル・シティーズに例えられる会社と言えば、無名の上場企業で航空宇宙材料メーカーのトランスダイムだろう。この素晴らしい会社は内部成長と非常に効率的な買収によって、一九九三年以来キャッシュフローが二五％（年率複利）のペースで増え続けている。キャピタル・シティーズと同様、この会社も限定した事業に集中し、並外れた経済性を追求してきた。

トランスダイムの場合は、航空機の部分や部品といった高度な工学製品に特化している。これらの部品は、軍用機や民間機で一度採用されればそう簡単には変更されないし、定期的に保守や交換の需要がある。また、これらの部品は航空機の運航に欠かせないもので、代替品はなく、航空機全体のコストのなかではわずかな金額でしかない。そうなると、顧客――軍用機と民間機の最大メーカー――は価格よりもパフォーマンスを重視することになり、トランスダイムは価格力と驚異的な利益率（キャッシュフローマージンまたはＥＢＩＴＤＡ［利払い・税金・償却前利益］マージンが四〇％以上）という魅力的な特徴を合わせ持つことができている。

ＣＥＯのニック・ハウリー率いる経営陣は、一九九〇年代初めにこの会社の優れた経済性に気づき、極めて分権化された組織で特殊部品事業の利益率を最大にするための経営方法を確立していった。キャピタル・シティーズのマーフィーと同様、ハウリーも自社の幹部が買収した会社の利益率を迅速かつ劇的に改善して実質的な買収価格を下げてくれることが分かっているため、十分な根拠を持って買収を行うことができる。

トランスダイムは上場以来、独自の積極的な資本配分戦略を進め（ウォール街ではかなりの意見と混乱があったが）、高いレバレッジ比率を維持し、自社株買いをし、直近の金融危機のさなかには高い特別配当を発表した（借入金で調達）。当然のことながら、株主のリターンは素晴らしく、現在の株価は二〇〇六年の上場価格の四倍に上がっている。

第2章

複合企業の型破りな経営者――ヘンリー・シングルトンとテレダイン

「ヘンリー・シングルトンは、事業の運営と資本の活用においてアメリカのビジネス界で最高の実績を上げています。……もし、ビジネス・スクール上位一〇〇校の卒業生を採用して最高の手法を駆使しても、シングルトンの実績にははるかに及ばないでしょう」――ウォーレン・バフェット、一九八〇年

「状況が変われば考えも変わる。あなたはどうするのか」――ジョン・メイナード・ケインズ

一九八七年の初めに、型破りな動きをすることで知られていた中規模の複合企業テレダインは、配当を発表した。一見、何の変哲もない出来事がマスコミの大きな関心を引き、ウォール・ストリート・ジャーナル紙も一面でこれを報じた。なぜこれがそれほどのニュースになったのだろうか。

二〇世紀の上場会社は、年間利益の一部を配当に回すことが期待されていた。多くの

投資家、特に年配の人たちにとって配当は重要な収入源だったため、彼らは配当金の水準を詳しく観察して投資の判断材料にしていた。ところが、テレダインは一九六〇年代の複合企業のなかで、それを断固として支払わない唯一の会社だった。彼らは、配当金は税効率が悪いと考えていた。企業側と投資家側の両方で課税されるからだ。

実際、あまり表に出てこないCEO（最高経営責任者）のヘンリー・シングルトンの下、テレダインの配当方針は前述のとおり、極めて異例で慣例に反していた。しかし、シングルトンは配当をしないだけでなく、悪名高い経営の分権化を進め、ウォール街のアナリストとの交流も避け、株を分割せず、それまでもそのあとも例がないほど自社株買いをしていった。

これらはすべて極めて独特かつ異例な行動に見えたが、彼を際立たせ、のちに比類ない伝説の経営者たらしめたのが、マーケットや同業他社をはるかに上回るリターンだった。シングルトンは一九六〇年代の株式市場の「イケイケ」時代から一九九〇年代初めの厳しい弱気相場まで、ほぼ三〇年間さまざまなマクロ経済状態のなかで同社の価値を驚くべき比率で高めていった。

彼は、変化するマーケットに常に対応することと、粘り強く資本配分に集中することでこれを実現した。彼の手法は同業他社とはかなり違っており、彼の因習打破主義の芽はフォーチュン五〇〇社のCEOには極めて珍しい彼の経歴にある。

一九一六年にテキサス州の小さな市ハスレットに生まれたシングルトンは、素晴らしい実績がある数学者で科学者だが、MBA（経営修士号）は修得していない。彼はMIT（マサチューセッツ工科大学）で学び、電子工学の学士と修士と博士の学位を修得し、博士論文の執筆過程でMITの学生用のコンピューターを初めてプログラムしたり、一九三九年には全米の数学科の最優秀生徒をたたえるパトナム・メダルを授与されたりした（その後の受賞者には、ノーベル賞を受賞した物理学者のリチャード・ファインマンなどがいる）。また、彼は熱烈なチェスの愛好家で、最高位のグランドマスターまであと一〇〇ポイントという腕前だった。

一九五〇年にMITを卒業すると、シングルトンはノース・アメリカン・アビエーションとヒューズ・エアクラフトでリサーチ・エンジニアとして働いた。その後、伝説の

「ウィズ・キッズ」（フォード・モーターを立て直したチーム）のリーダーだったテックス・ソーントンが率いるリットン・インダストリーズにスカウトされ、そこで一九五〇年代後半に慣性誘導システムを発明した。このシステムは現在でも民間機や軍用機で使われている。シングルトンはリットンの電子システム部門の責任者に昇進し、この部門は彼の下で一九五〇年代末までに八〇〇〇万ドル以上の収益を誇る同社最大の部門に成長した。

彼は、ソーントンの後継のCEOになれないことが明らかになったため、一九六〇年にリットンを辞めた。四三歳だった。そして同じ年に、一緒に辞めた同僚で電子部品部門の責任者だったジョージ・コズメッツキーとテレダインを設立した。二人はまず三つの小さな電子機器会社を買い、そこを拠点に海軍の入札に参加した。テレダインは複合企業時代が幕開けを迎えた一九六一年に上場した。

関連がないたくさんの事業部門を運営する複合企業は、今日のインターネット株と似た存在と言える。彼らは高めの株価を利用して貪欲に成長し、幅広い業界の企業を見境なく買収していった。これらの買収は、最初は高い利益をもたらし、それが株価をさらに上げ、それを利用してさらなる買収が行われた。ほとんどの複合企業は本部にたくさんの社員を置き、異なる事業間で相乗効果を見つけられると信じていた。そして、株価を上げるためにウォール街やマスコミと積極的に交流した。しかし、一九六〇年代末にＩＴＴやリットン・インダストリーズなどの大手が予想収益を達成できなくなってくると株価は急落し、彼らの全盛期は突然終わりを迎えた。

今日の常識では、複合企業は機敏さと「ピュアプレー」（特定の製品やサービスに特化した会社）の集中力を欠く非効率的な会社組織だと言われている。しかし、一九六〇年代のほとんどの期間、複合企業は高倍率のＰＥＲ（株価収益率）を謳歌し、割高の株価を使って異常なペースで買収を繰り返していた。この激動の期間は、買収の競合相手が今日よりもはるかに少なかったため（未公開株専門の投資会社はまだ存在しなかった）、事業会社の支配株主になるための価格をＰＥＲで見た場合、たいていは買収側の株式市場でのＰＥＲよりもかなり低かったため、買収は理論的に魅力ある選択肢だった。

シングルトンは、このアービトラージの機会をフル活用して分散した事業ポートフォリオを作り上げた。一九六一～一九六九年に、航空機の電子部品から特殊金属や保険までの幅広い分野から一三〇社を買収したのである。これらの買収は、二社を除いてすべてテレダインの高い株価を利用して行われた。

ただ、シングルトンの買収の仕方はほかの複合企業のそれとは違っていた。彼は見境なく買うのではなく、再生しようとも思わず、最初から利益率が高く、成長していて、それぞれの業界でトップにある会社を選んで買っていたからだ。ちなみに、これらの多くはニッチ市場の会社だった。テレダインの特殊金属部門の責任者を務めるジャック・ハミルトンの言葉を借りれば、彼の部門は「利益率が高く、トン単位ではなくオンス単位で販売される製品に特化しています」**（注1）**ということだった。シングルトンは規律を厳守する買い手で、収益の一二倍以上はけっして支払わず、ほとんどの会社をそれよりもはるかに安く買っていた。それに比べてこの時期のテレダインのPERは、二〇台前半から五〇倍で推移していた。

一九六七年、彼はそれまでで最大の買収となったバスコ・メタルを四三〇〇万ドルで買い、同社の社長だったジョージ・ロバーツをテレダインの社長に昇格させると、自らはCEO兼会長に就任した。実は、ロバーツは海軍兵学校時代のルームメートだった。ロバーツは、同校史上最年少の一六歳で合格したが、結局二人とも大恐慌時代に授業料の援助が打ち切られたため、転校した。ロバーツはもともと理系で、カーネギー・メロン大学で冶金学の博士号を修得後、いくつかの特殊金属会社の幹部を務めたあと一九六〇年代初めにバスコの社長に就任していた。

ロバーツを迎えてからは、シングルトン自身はあまり業務に関与しなくなり、戦略と資本配分にほとんどの時間を割くようになった。

その少しあと、ほかの複合企業が買収を続けるなかで、シングルトンだけは買収を停止した。一九六九年の半ばにテレダインのPERが下がり始め、買収価格のほうは上昇してきたため、彼は突然買収チームを解散したのだ。規律を厳守して買うシングルトンは、PERが下がっている以上、株価を利用した買収が有利な取引ではなくなったことに気づいていた。それ以降、テレダインは大きな買収は行っておらず、株もまったく発行していない。

この買収戦略の効果を**表2.1**にまとめてある。テレダインは上場してから最初の一〇年間でEPS（一株当たり利益）が六四倍という驚異的な伸びを示したが、発行済み株数は一四倍弱しか増えていないため、株主にとっては多大な価値が生み出されたことになる。

シングルトンが働き始めたころ、世間では数量的な専門知識を使った経営が信奉されていた。一九四〇年代と一九五〇年代は「ウィズ・キッズ」の時代だった。彼らは特別

表2.1　テレダインの最初の10年間の財務実績（単位＝100万ドル）

	1961年	1971年	増加率（倍）
売上	$4.5	$1,101.9	244.4倍
純利益	$0.1	$32.3	555.8倍
EPS[a]	$0.13	$8.55	64.8倍
発行済み株数[a]	0.4	6.6	13.7倍
負債	$5.1	$151	28.9倍

出所＝長年テレダインを観察してきた投資家のトム・スミスより提供
a＝株式分割と株式配当を調整済み

な才能を持った若い数学者やエンジニアのグループで、高度な統計分析を使って第二次世界大戦中の陸軍航空隊（アメリカ空軍の前身）や一九五〇年代のフォード・モーターなどアメリカを象徴する組織を次々と変革していった。そして、彼らの集大成がかつてのウィズ・キッズのひとりで、一九六一年に国防長官に指名されたロバート・マクナマラだった。

これらの組織では権力を本部に置き、とびきり頭が良くて定量分析が得意な若いエリート幹部が、最新の数学的システムを使って事業を集中管理していた。分析の天才たちは、本部から遠く離れた雑然とした現場に指令を出し、爆撃でも製造工場でも効率性を上げていった。

多くの複合企業がこの本部主導の経営手法を取り入れ、本部には副社長や企画部などたくさんの社員があふれていた。面白いことに、シングルトンはテックス・ソーントン（最初のウィズ・キッズのひとり）と緊密に仕事をしていたにもかかわらず、それとはまったく違う手法でテレダインを経営していた。

ソーントンやITTのハロルド・ジェニーンなどの同業者と違い、シングルトンとロバーツは当時流行っていた「統合」「相乗効果」などといった概念を避け、極端な分権化に力を入れていた。会社をできるだけ小さい組織に分け、運営と経営の責任をできるだけ現場近くに委譲したのだ。社員が四万人以上いても本部の人数は五〇人足らずで、人事部も、投資家向け広報部も営業企画部もなかった。皮肉なことに、この時代に最も成功した複合企業は、最も複合企業らしくない方法で経営されていたのである。

この分散化は、テレダインに公平で社内政治に無関心な文化を育てた。この会社の社長経験者の数人が、社内政治を気にしないこの爽やかな社風について語ってくれた――目標値を達成した人はそれでよいし、できなかった人は次の目標に向かう。彼らの一人の言葉を借りれば、「CEOがだれと昼食をとっているのか、気にする人はだれもいませんでした」。

一九六九年に買収のペースを落とすと、ロバーツとシングルトンは現存する事業に目を向け始めた。そして、またもや常識を逸脱し、当時のウォール街が主要な基準としていた報告利益を無視して経営目標をフリーキャッシュフローを最大にすることにした。彼とCFO（最高財務責任者）のジェリー・ジェロームは、現金を生み出すことを重視して「テレダイン・リターン」と名付けた独自の基準――事業部門ごとのキャッシュフローと純利益の平均――を設定し、すべての部長のボーナス査定をこの基準に基づいて行った。シングルトンは、かつてファイナンシャル・ワールド誌に、「もしテレダインの株価を観察するならば、四半期決算がかなり上下することに慣れてもらわなければなりません。当社の決算は、報告利益ではなく、キャッシュフローを最大にすることを目指しています」（注2）と語っている。ウォール街が注目する今日の典型的なフォーチュン五〇〇社のCEOからはなかなか聞けない言葉だろう。

シングルトンとロバーツは、利益率を短期間で劇的に改善し、各部門の運転資本を大幅に削減し、その過程で多額の現金を生み出した。その成果は、一九七〇年代と一九八〇年代に各部門が常に二〇％以上という高いＲＯＡ（総資産利益率）を維持していることからも分かる。ウォーレン・バフェットのパートナーのチャーリー・マンガーは、この素晴らしい結果を「どこよりもはるかに高い……これは完全にイカれている」（注3）とたたえた。

このような取り組みによって、一九七〇年以来、テレダインはマーケットが良いときも悪いときも驚くほど安定した利益率を維持していた。このようにして生み出された現金は本部に送られ、それをシングルトンが配分した。そして、この資本を活用するための判断も、もちろん極めて変わっていた（そして効率的だった）。

パッカード・ベル——数少ない失敗

シングルトンの厳しい基準を満たすことができなかった部門に、テレビメーカーのパッカード・ベルがあった。この基準を下回ったまれなケースにおけるシングルトンとロバーツの対処の仕方が興味深い。二人は、日本企業のほうが低コストで、競争に不利なパッカード・ベルは永続的に容認できるほどのリターンを上げることができないと分かるとすぐに操業を停止し、この業界で最初に撤退したアメリカのメーカーとなった（他社もそれから一〇年の間に撤退した）。

一九七二年初めに、テレダインには現金が豊富にあったが、買収候補のPERはまだ高めだった。そこで、シングルトンはマンハッタンのミッドタウンにある電話ボックスから取締役会のひとりで伝説のベンチャーキャピタリストのアーサー・ロック（のちにアップルとインテルの創成期に支援した人物）に電話を掛けた。「アーサー、ずっと考えていたんですが、わが社の株価は低すぎます。ほかのどの会社を買うよりも、この価格でうちの株を買い戻したほうがはるかに良いリターンが上げられると思うのですが、どう思いますか」と聞くと、ロックは即座に「いいね」（注4）と答えた。

この言葉を受け、資本配分の歴史を大きく変えた瞬間のひとつが訪れた。一九七二年から一二年間、シングルトンは前例のない規模で公開での自社株買いを積極的に行った。これは、テレダインの株価を大きく押し上げ、ウォール街が長年信奉してきた概念をたった一社で覆した。

シングルトンが自社株買いをする先駆者だという表現はあまりにも控えめすぎる。むしろ、自社株買いのベーブ・ルース、つまりコーポレート・ファイナンスの一分野の歴史の初めにそびえるオリンポス山の象とでも言ったほうが合っているかもしれない。一九七〇年代初期まで、自社株買いは珍しく、異論も多かった。常識的に見れば、自社株買いは内部投資の機会に恵まれていないというシグナルで、ウォール街では弱体化のサインと言われていた。シングルトンは当時の正統派を無視して一九七二～一九八四年にかけて八回の公開での自社株買いを行い、発行済み株数のなんと九〇％を買い戻した。マンガーの言葉を借りれば、「あれほど積極的に自社株買いをした人はいない」**（注5）**。

シングルトンは、株主に資本を還元するならば、配当を支払うよりも自社株買いをしたほうがはるかに節税効果があると考えていた。ちなみに、彼がＣＥＯに就いていたころの配当の税率は非常に高かった。彼は、安く自社株買いをすることには自己触媒効果があり、バネを抑えればいずれ本来の大きさまで伸び、その間に素晴らしいリターンを生み出すとも考えていた。この自社株買いは資本配分の便利なベンチマークになり、買い戻しがほかの投資機会よりも魅力的なときは、公開で自社株買いを行った。

一九九〇年代になると、自社株買いが流行し、近年では低迷する株価を上げるためにも使われている。ただ、自社株買いは魅力的な価格で行わなければ株主の価値を増やすことにはならない。もちろんシングルトンは極めて有利な価格で自社株買いを行い、これによってテレダインの株主に四二％（年率複利）という驚くべきリターンをもたらした。

公開での自社株買いをすると、毎回申し込みが殺到した。独自の分析によって、自社株買いが有利だということを知っていたシングルトンは、その強い信念の下で応募があったすべての株を買い取った。自社株買いはテレダインにとって大きな賭けで、自社株買いは公開時の純資産額の四％から六六％という信じられないほどの金額に及んだ。結局、自社株買いに投じた資金は総額で二五億ドルにも上った。

自社株買いの全体像を**表2.2**にまとめてある。一九七一～一九八四年にかけては、自社株を低いＰＥＲで買い戻す一方で収益と純利益は増え続けていたため、一株当たりの利益は何と四〇倍に増えたのである。

表2.2　テレダインの自社株買い計画の成果（単位＝100万ドル）

	1971年	1984年	増加率（倍）
売上	$1,101.9	$3,494.3	2.2倍
純利益	$32.3	$260.7	7.1倍
EPS[a]	$8.55	$353.34	40.3倍
発行済み株数[a]	6.6	0.9	(0.9倍)
負債	$151	$1,072.7	6.1倍

出所＝長年テレダインを観察してきた投資家のトム・スミスより提供
a＝株式分割と株式配当を調整済み

ただ、自社株買いへのこだわりはシングルトンの考え方の大きな変化を示しているということを理解しておかなければならない。テレダインを設立したころは、積極的かつ効率的に株を発行していたからだ。優れた投資家で資本配分者は、高く売ることと安く買うことの両方ができなければならない。シングルトンは、かつて平均PER二五倍以上で発行した株を八倍以下で買い戻していった。

シングルトンは、一〇代のころから株式市場に魅了されていた。ジョージ・ロバーツによれば、第二次世界大戦中に休暇でニューヨ

ークに行ったとき、彼は証券会社の店先に立ってティッカーテープの株価をずっと眺めていたという。

一九七〇年代半ばの厳しい弱気相場で、株式市場のPERが大恐慌以来最低の水準になっていたとき、シングルトンはついに念願だったテレダインの保険子会社の株式ポートフォリオを投資する直接の責任者になった。彼はポートフォリオマネジメントにおいても、買収や業務や自社株買いと同様、独特な手法で素晴らしい成果を上げた。

彼はかなりの逆張り派で、積極的に保険子会社の資産を再配分して、一九七五年には一〇%だった株式の割合を一九八一年までには七七%まで引き上げた。ただ、このポートフォリオの劇的な入れ替えの内容はさらに変わっていた。七〇%を超える株式ポートフォリオをわずか五社の株式に集約し、二五%を一社（かつて勤めていたリットン・インダストリーズ）に配分したのである。この驚くほど偏ったポートフォリオにウォール街は驚愕し（典型的な投資信託は何百もの銘柄を保有している）、多くのウォッチャーが、シングルトンがまた買収をもくろんでいるのだと考えた。

このときの彼にまったくそんな気はなかったが、彼の投資の仕方を詳しく見ておく価値はある。彼が最も多く保有していたのは必然的に彼がよく知っている会社で（小さな複合企業のカーチス・ライトや、エネルギー大手のテキサコ、保険会社のエトナなど）、シングルトンが投資した当時のPERは記録的に低かった。チャーリー・マンガーは、シングルトンの投資手法を「ウォーレン（バフェット）と私のように、彼も自分がよく理解している会社のみに絞って投資することに抵抗がなかった」（注6）と評した。

テレダインの自社株買いと同様、保険子会社のポートフォリオも素晴らしいリターンを上げていた。**図2.1**は、彼がこの子会社のポートフォリオの組み替えを始めた一九七五年から一九八五年まででこの会社の簿価が約八倍になったことを示しており、ここからも彼の上げたリターンのすごさを知ることができる。

一九八四〜一九九六年には、シングルトンの関心はポートフォリオ管理から後継者問題（一九八六年にロバーツを次期CEOに指名して、自身は会長職にとどまった）と、事業部門の業績が伸び悩むなかでも株主価値を最大にすることに移っていった。そのため、彼は新しい作戦を打ち出したが、もちろんこれもウォール街を困惑させることになった。

シングルトンはスピンオフを活用することにおいても先駆者だった。彼は、スピンオフによってテレダインの後継者問題を単純化し（同社の複雑な組織を整理できる）、同

図2.1　テレダインの保険子会社の簿価（単位＝100万ドル）[a]

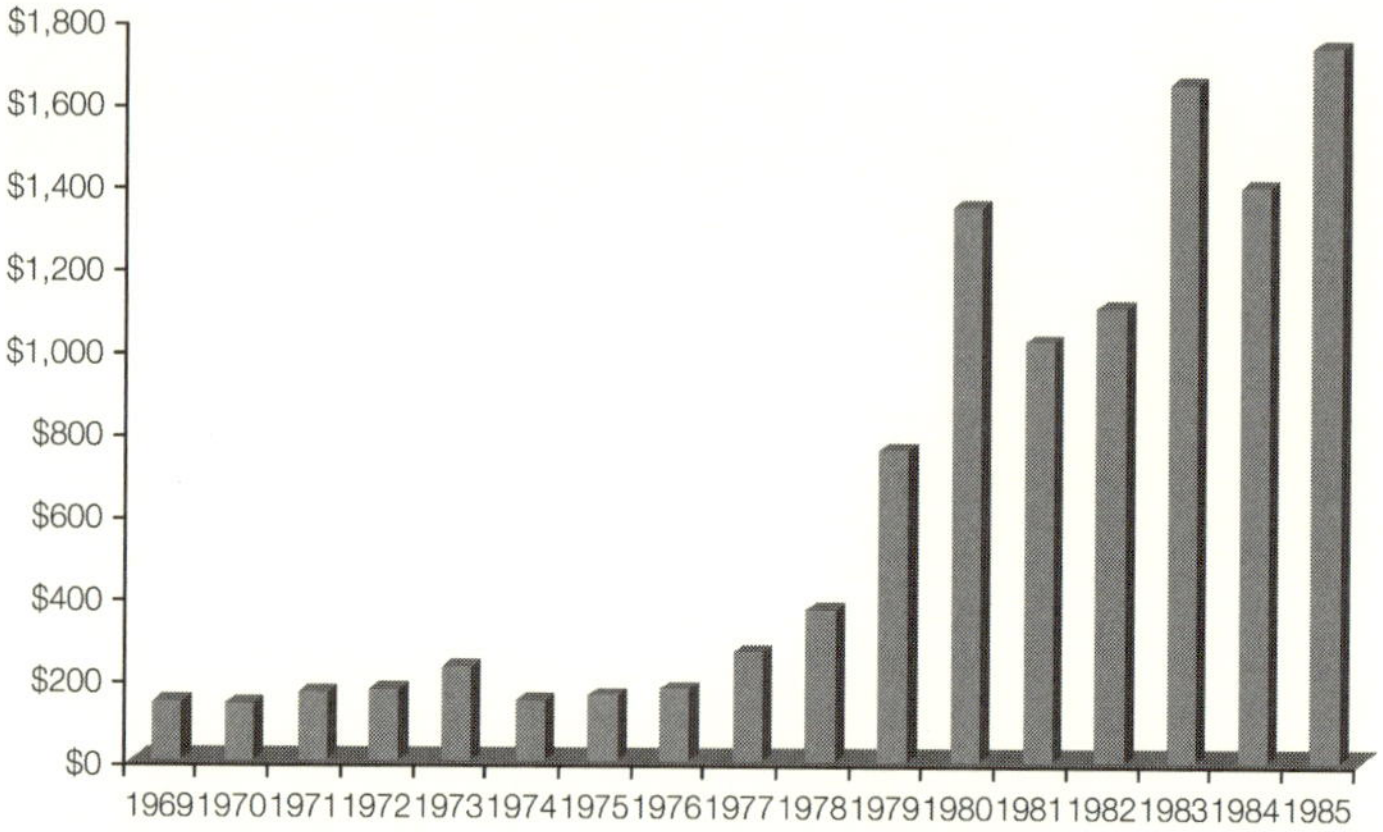

a＝テレダインの子会社ユニトリンとアルゴナウトの簿価の総額

社のなかでも大きな割合を占める保険部門の価値を株主が十分享受できるようにしようとしていた。長年取締役を務めたフェイズ・サロフィムの言葉を借りれば、シングルトンは「複合企業が良い時代もあれば、そうでないほうが良い時代もある」（**注7**）と考えていたという。そして一九八六年についに後者の時代が訪れると、社員の労災補償を扱っていたアルゴナウトがスピンオフの第一号となった。

次は一九九〇年に、ユニトリン（最大の保険子会社で、CEOはジェリー・ジェローム）をスピンオフした。当時、ユニトリンはテレダインの企業価値の大部分を占めていたため、これは大きな決断だった。同社はジェロームと彼の後継者のディック・ビイの下、上場以来素晴らしいリターンを上げていた。

一九八〇年代半ばから後半以降のテレダインの非保険部門はエネルギー市場や特殊金属企業の景気低迷を受けて停滞しており、防衛部門は詐欺罪に問われていた。一九八七年、買収価格も株価（彼の持ち分も含めて）も歴史的な高値を付けており、同社のキャッシュフローで高いリターンが望める投資先がなかったことから、シングルトンは上場会社として二六年ぶりの配当を決めた。このことは長年テレダインを追いかけてきたウオッチャーに衝撃を与え、同社の歴史が新しい段階に入ったことを示した。

いくつかのスピンオフが成功したあと、一九九一年にシングルトンはCEOのロバーツともども会長を引退し、広大な牛牧場に専念することにした（この世代のテキサス出身者の憧れは、起業家として成功したら牧場を持つことで、シングルトンはそののちニューメキシコ州、アリゾナ州、カリフォルニア州などに合計一〇〇万エーカー以上の複数の牧場を手に入れた）。しかし、彼は一九九六年に復帰し、乗っ取り屋のベネット・ルボウの敵対的買収を阻止するためにテレダインの残りの製造部門とアレゲーニー・インダストリーズとの合併を個人的にまとめた。当時、テレダインの社長だったビル・ラトリッジによれば、シングルトンは役職名や取締役会の構成などにはこだわらず価格のみ重視してこの交渉をまとめたという（注8）。結局、それまでの株価に三〇％のプレミアムを上乗せした合併は、テレダインの株主に大きな恩恵をもたらした。

シングルトンは、マーケットも同業他社もはるかにしのぐ途方もない実績を残した。信頼できる株価データが入手できた一九六三年以降、彼が会長を引退した一九九〇年までの株主リターンは、二〇・四％（年率複利）という驚くべき高さだった（スピンオフも含めて）。ちなみに、同時期のS&P五〇〇は八％、主要な複合企業株の平均は一一・六％だった（図2.2）。

もし一九六三年にシングルトンに一ドルを投資していれば、それが一九九〇年には一八〇・九四ドルに増えていたことになる。これは同業他社の九倍、S&P五〇〇の一二倍以上のパフォーマンスで、あのジャック・ウェルチでさえバックミラーのなかの小さな点に見えるほどの実績なのである。

図2.2　シングルトン時代のテレダインの株価とS&P500と同業他社の株価

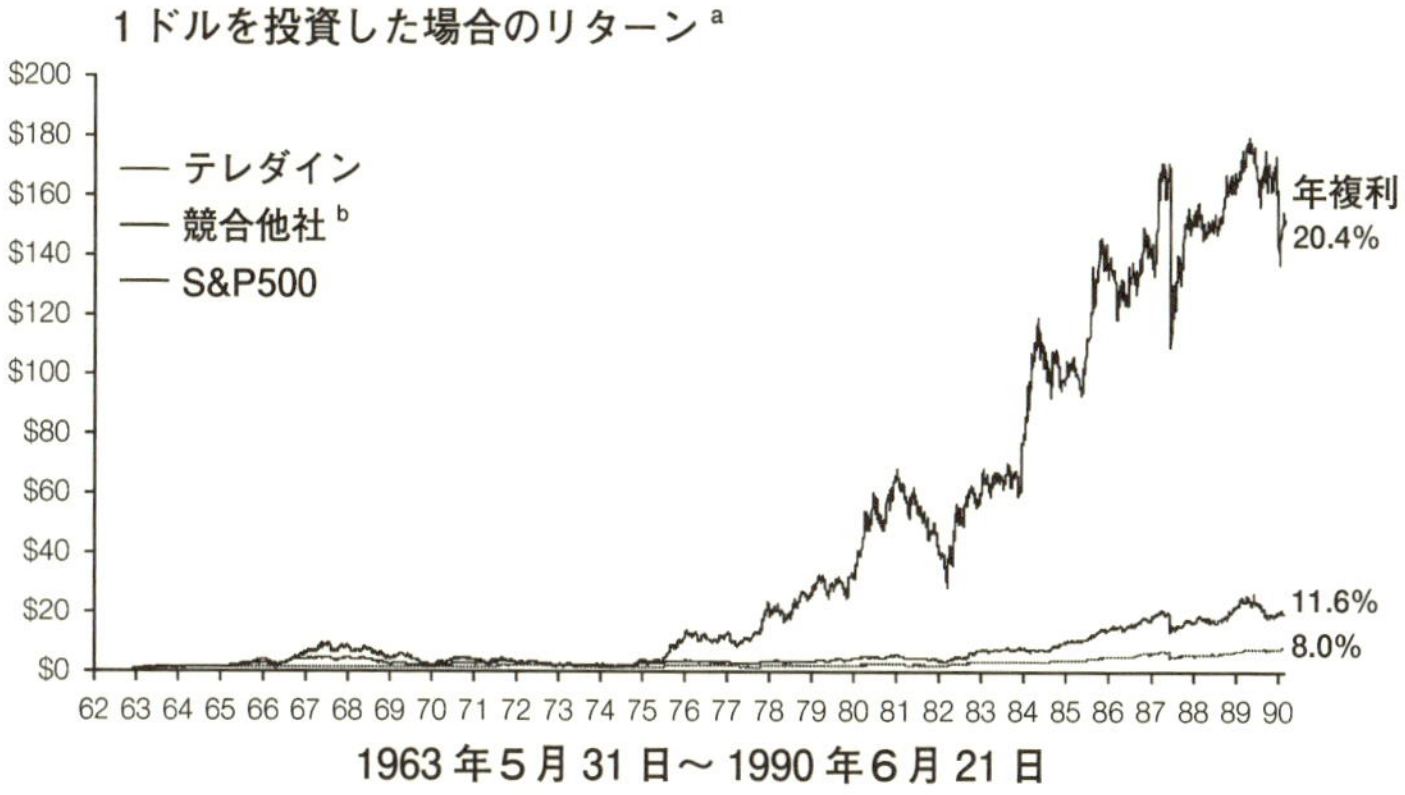

a＝株式分割、株式配当、現金配当を調整済み（現金配当は再投資し、税率は40％とする）

b＝リットン・インダストリーズ、ITT、ガルフ&ウエスタン、テキストロンなどを含む

経営のポイント

CEOが下す最も重要な判断のひとつは時間の使い方で、具体的に言えば事業運営、資本配分、投資家対応という三つの重要分野にどれだけ時間を割くのかということである。ヘンリー・シングルトンの時間の管理方法は、もちろんテックス・ソーントンやハロルド・ジェニーンなどの同業者とはかなり違っていたが、本書のアウトサイダーCEOたちとは非常に似ている。

彼が一九七八年にファイナンシャル・ワールド誌に語ったところによると、「私自身が行う日々の業務はないため、マンネリになることはありません。私の仕事は厳密に定義されておらず、その時点で最も会社の利益になりそうなことに自由に取り組めるようにしています」（注9）。シングルトンは厳密な戦略計画を立てず、柔軟性をもたせて選択肢を残しておくようにしていた。ある年のテレダインの年次総会で「多くの経営者がさまざまな問題を解決するための強力で絶対的な計画を持っているのは知っていますが、会社運営には外部からの影響がとてつもなくたくさんかかわっており、そのほとんどは予測不能です。そこで、私は常に柔軟に考えるようにしています」（注10）と語ったこともある。珍しくビジネス・ウィーク誌のインタビューを受けたときには、自身のことを単純に「私の唯一の計画は、毎日出社することです。……はるか先の計画を立てるよりも毎日この船を漕ぎ続けようと思っています」（注11）と説明した。

ソーントンやジェニーンやガルフ&ウエスタンの派手なチャールズ・ブルードーンなどといった同業の経営者と違い、シングルトンはウォール街のアナリストやマスコミの機嫌をとるようなことはしなかった。実際、彼は投資家向け広報活動に時間を割くのは非効率だと考えており、四半期決算の予想も提供しなければ、業界の集まりにも出席しなかった。これらの活動に熱心な同業者が頻繁にビジネス誌の表紙を飾っていた当時、これは非常に珍しいことだった。

テレダイン対サーベンス・オクスリー法

テレダインの因習打破主義は、今日関心が高い企業統治にも及んでいる。テレダインの取締役は、今日ならばサーベンス・オクスリー法の前に無残に敗退するだろう。シングルトンは本書のほかのCEOと同様に、小さな取締役会を支持しており、取締役はシングルトンを含めてわずか六人で、半分は社内の人間だった。ただ、彼らはみんな特別才能にあふれた人たちで、それぞれが多くの株を所有していた。シングルトンとロバーツとコズメッツキー（一九六六年にテレダインを退職したあとはテキサス大学のビジネス・スクールの学長に就任した）のほかには、クロード・シャノン（シングルトンのMIT［マサチューセッツ工科大学］のクラスメートで情報理論の父と呼ばれている科学者）と、アーサー・ロック（伝説のベンチャー投資家）と、フェイズ・サロフィム（ヒューストンの大富豪でファンドマネジャー）が名を連ねていた。彼らの任期の終盤には、六人合わせて全体の約四〇％の株式を所有していた（サーベンス・オクスリー法とは、米国で相次いで発生した企業会計不正に対応するため二〇〇二年に成立した法律で、監査人の独立性、会社の責任、財務ディスクロージャーの強化、ホワイトカラー犯罪に対する罰則強化などを規定している）。

本書には積極的に自社株買いをしたＣＥＯがたくさん登場するが、そのなかでもシングルトンは独特だった。彼は貪欲にテレダインの株を買い戻し、その割合はほかのアウトサイダーＣＥＯと比べても多かった。ただ、彼の自社株買いの手法は今日のＣＥＯのそれとは大きく違っており、詳しく見ておく価値がある。

自社株買いをするには、基本的に二つの方法がある。近年最もよく行われているのは、資本の一定割合（通常は貸借対照表上の余剰金の小さい割合）を自社株買いの原資として承認し、四半期（ときには複数年）かけて市場で買っていく方法である。この方法は、注意深く、保守的で、計画的で、株の長期的な価値に大きな影響を及ぼす可能性は低い。この注意深く秩序立った方法を「ストロー」と呼ぶことにする。

もうひとつの方法はシングルトンが先駆者で、本書のCEOたちも好むかなり大胆な方法である。これは頻繁ではないが、株価が低いときに大量に買い戻す方法で、非常に短期間で公開での自社株買いを行い、借入金を使うことが多い。シングルトンは、先の「ストロー」方式ではなく、この「吸い込みホース」方式で少なくとも八回は自社株買いを行った。

彼が一九八〇年に行った自社株買いは、彼の優れた資産配分力を示す好例と言える。この年の五月、テレダインのPERはそれまでの最低近くまで下がっていた。そこで彼はそれまでで最大の公開での自社株買いを発表すると、その三倍の応募があった。シングルトンは応募があったすべての株式を買い取ることにした（発行済み株数の二〇％以上）。テレダインの強力なフリーキャッシュフローと直近の金利低下を利用して、このときの自社株買いの資金はすべて固定金利の債券で賄われた。

この自社株買いのあと、金利が急上昇し、発行したばかりの債券価格は下がった。しかし、金利が上がり続けるはずはないと考えたシングルトンは、この債券を買い戻すことにした。ただし、それをキャピタルゲイン税がかからないテレダインの年金基金で買ったのである。

この複雑な取引の結果、テレダインは安い債券を使って大規模な自社株買いを行い、年金基金のほうは金利が大きく下がったときに自社の債券を買い戻してかなりの非課税利益を得た。そしてもちろん株価は大幅に上昇した（一〇年間の年間複利リターンが四〇％を超えていた）。

シングルトンの強い独立心は、生涯変わらなかった。長年テレダインに投資していたレオン・クーパーマンが、一九九七年（脳腫瘍で八二歳に亡くなる二年前）にシングルトンと話をしたときのことを語ってくれた。当時、フォーチュン五〇〇社のいくつかの会社が大規模な自社株買いを発表していた。クーパーマンがそのことについて尋ねると、シングルトンは「みんながやっているならば、何かがおかしい」(注12)と断言したという。

バフェットとシングルトン――原点は同じ

ウォーレン・バフェットがバークシャー・ハサウェイの経営に用いている独自の手法の多くは、シングルトンがテレダインで初めて用いた手法である。実際、シングルトンは、ある意味バフェットの原型と見ることもできる。実際、二人の名ＣＥＯには、次のような不思議な類似点がある。

●**ＣＥＯは投資家**　バフェットもシングルトンも、自分は業務運営ではなく、資本配分に集中できるような組織形態にしていた。二人とも、自分を経営者ではなく投資家だと考えていた。

●**業務は分権化して、投資判断は中央集権化する**　二人とも組織の分権化を進め、本部の社員を少なくし、事業会社と経営陣の間の階層はないかあっても少ない。しかし、二人とも大きな資本配分はすべて自分で決めていた。

●投資理念　バフェットもシングルトンも自分がよく理解している業界のみに投資し、ポートフォリオの内容が一部の上場証券に集中していても気にしなかった。

●投資家向け広報に関する姿勢　二人ともアナリスト向けの四半期予想を発表したり投資家会議に出席したりしなかった。その代わりに、事業部門について詳しく説明した情報量の多い年次報告書を作成した。

●配当　テレダインは、複合企業のなかで唯一、最初の二六年間配当を行わなかった。バークシャーもほとんど配当したことがない。

●株式分割　テレダインは一九七〇年代から一九八〇年代のほとんどにおいてNYSE（ニューヨーク証券取引所）で最も高い株だった。バフェットは、バークシャーのA株を分割したことがない（現在は一株当たり一二万ドル以上でトレードされている）。

●CEOの持ち株の割合が大きい　シングルトンもバフェットもそれぞれの会社の大株主になっていた（シングルトンは一三％、バフェットは三〇％以上）。彼らはオーナーのように考えているが、実際にもオーナーなのである。

●保険子会社　シングルトンもバフェットも保険会社の「フロート」を投資することで株主の価値を生み出すことができることに気がついた。テレダインにとってもバークシャーにとっても、保険子会社は最大かつ最重要事業だった。

●レストランの例え　著名な投資家のフィル・フィッシャーは、企業をレストランに例えて、どちらも方針と判断（例えば、料理、価格、雰囲気）によっておのずと常連客が決まってくると言っている。バフェットもシングルトンも意図的に極めて変わったレストランを経営し、同じような考えを持つ長期的な顧客、つまり株主を引きつけていった。

第3章

企業再生――ビル・アンダースとゼネラル・ダイナミクス

「愚かな首尾一貫性は心の狭さを表している」――ラルフ・ワルド・エマーソン

一九八九年、三〇年に及んだ冷戦の緊張と不安のシンボルだったベルリンの壁が崩壊し、それとともにアメリカの防衛産業が長年用いてきたビジネスモデルも崩れ去った。この業界は、伝統的に第二次世界大戦後の軍事戦略に従って大型武器システム（ミサイル、爆撃機など）を売ることで成り立ってきた。ところが、何十年も続いてきたソ連封じ込め政策が一夜で崩れ、この業界は混乱に陥った。長年、軍の幹部と親密な関係を保ってきた業界幹部たちは、あわてて事業の見直しに取り組んだ。しかし、主要な防衛関連銘柄の指数はベルリンの壁崩壊から六カ月もしないうちに四〇％も下落した。なかでもある一社は不利な立場にあった。

ゼネラル・ダイナミクスは、防衛産業の先駆者だった。この会社のルーツは一九世紀末までさかのぼることができ、国防総省に軍用機（第二次世界大戦中の伝説のB29爆撃機、現代の空軍の主力であるF16戦闘機など）や軍用船（潜水艦のトップメーカー）、軍用車両（戦車やそのほかの戦闘車のトップサプライヤー）など主要な武器を収めてきた長い歴史がある。同社は年月をかけてミサイル部門と宇宙システム部門といくつかの非防衛事業に多角化し、商業用セスナ機や建設資材などの事業に参入していた。しかし、一九八〇年代に連邦捜査官に上級幹部の社用機や特典の悪用を指摘されたスキャンダルによって壊滅状態に陥った。

一九八六年、ゼネラル・ダイナミクスは国防総省で素晴らしい評価を得ていたスタン・ペースを新しいCEO（最高経営責任者）に迎えた。ペースの加入でアメリカ統合参謀本部との関係は改善したものの、事業は停滞し、一九九〇年には同社最大の新型軍用機A12の開発がほぼ中止になった。そして、一九九一年一月に次のCEOが就任したときには、六億ドルの負債を抱え、キャッシュフローはマイナスで、破産も噂されていた。当時、収益は一〇〇億ドルあったのに、時価総額はわずか一〇億ドルしかなかったのだ。ゴールドマン・サックスの防衛産業アナリストのジュディ・ボリンジャーの言葉を借りれば、同社は衰退産業のなかでも最下位、つまり「下の下」に位置していた(注1)。言い換えれば、同社には再生が必要だった。財政難の企業は、たいていリストラ「コンサルタント」を雇う。彼らはヘリコプターで乗り付け、コストを大胆に削減し、債権者や納入業者と交渉し、素早く買い手を見つけると次の案件に移っていく。彼らのようなリストラ屋は企業文化や資本投資、組織構造の長期的な課題は無視して短期的な現金需要のみを重視する。企業再生は短期的には素晴らしいリターンを生み出し、いずれ大きな会社に売却されて終了する。この過程は、よく吸い殻の最後のひと吸いに例えられる。

再生企業が長期間、複数のCEOの下で高リターンを維持することはあまりないが、それを実現したのがゼネラル・ダイナミクスだった。この会社のエピソードは、環境が大きく変化してしまった業界においても、アウトサイダーCEOたちの手法の主要な要素は効果を発揮するということを示している。

それは、一九九一年一月にビル・アンダースがゼネラル・ダイナミクスのかじ取りを任されたときから始まった。この時期のマーケットは、一九九〇年代初めから始まった湾岸戦争後の弱気相場の真っ最中だった。しかし、アンダースは間違いなく、どこにでもいるCEOではなかった。この会社に入るまでの彼の経歴は、普通でないどころか極めて異例で、一九五五年に海軍兵学校を卒業し（専攻は電子工学）、冷戦のころは戦闘機のパイロットとして従軍していた。一九六三年には原子力工学の上級学位を修得し、数千人のなかから一四人しか選ばれないエリート集団であるNASA（米航空宇宙局）の宇宙飛行士候補になった。

一九六八年、アポロ八号のパイロットとして有人月周回ミッションに出たアンダースは、有名な「地球の出」を撮影し、これはのちにタイム誌やライフ誌、アメリカン・フォトグラフィー誌などの表紙を飾った。この写真は、現在では環境運動などの象徴として使われている。著名な防衛産業アナリストは、この初期の経験がのちの任務でリスクをとる能力につながっていると考えている。「月を周回した彼にとって、俗世のビジネスの問題ごときで混乱することはなかった」

アンダースは少将のときにNASAを退職し、短期間ノルウェー大使を務めたあと、米国原子力規制委員会の初代会長に指名された。まだ四五歳にもなっていなかった。彼は国防総省でも有名で、尊敬されていた。公的機関を離れると、彼はゼネラル・エレクトリック（GE）に入社し、幹部研修を受けた。このときの同期にジャック・ウェルチがいた。アンダースはこの研修について「GEの幹部には素晴らしい水泳コーチがたくさんいました。……ただ、彼らはときどき生徒を溺れさせようとしました」（注2）と語っている。

アンダースは一九八四年に複合企業の先駆者テキストロン・コーポレーションの業務責任者になったが、これは彼にとってストレスの多い仕事だった。彼は独立心が強く、人とは反対の行動を好み、言いにくいことをはっきりと言うタイプだった。このような人材は、テキストロンという二流の事業を幅広くかかえた官僚的な組織では歓迎されず、CEOと対立することになったのは当然の成り行きだった。

一九八九年、事業者団体の会議でゼネラル・ダイナミクスの上級幹部と会い、CEO含みで一年間の副会長職を提示された彼は、それに飛びついた。彼は暫定期間を使ってこの会社の事業や文化を理解し、ベイン&カンパニーの助けを借りてこの業界が直面する大きな変化――ふんだんな防衛支出の時代が突如として終わりを告げそうに見えた――について詳しく研究した。この一年間の学習期間があったおかげで、彼は正式にCEOに指名されるとすぐにすべきことに着手することができた。

彼は本書のなかでただ一人、五〇歳代になってからCEOに就任した最年長の新任CEOだが、ゼネラル・ダイナミクスに入社するまでの民間企業の経験が一〇年間しかなかったため、まだ新鮮な目を持っていた。

防衛産業には、伝統的にエンジニアや引退した高級将校の経営者が多く、社交クラブのような雰囲気があった。エンジニアで元将官のアンダースは、この業界の人間関係のなかで独特な位置を占めることになり、彼の決意（とその後の行動）は、それまでの馴れ合いの防衛産業を徹底的に揺るがすことになった。

アンダースが立てたゼネラル・ダイナミクスの再生戦略は、戦略的見識、つまり冷戦後の防衛産業は生産力がかなり過剰だという前提に基づいていた。そのため彼は、この

業界で生き延びるには積極的に事業を縮小するか、買収によって拡大するかしかないと考えた。つまり、新しい環境下では、いずれみんな集約する側とされる側に分かれることになるため、急いで自分がどの側になるのかを見極めなければならない。アンダースは、彼の戦略の概要をＣＥＯに就いて初めての年次報告書と四半期報告書に掲載し、それを積極的に実行していった。

　この戦略のポイントは三つあった。

一．アンダースは、かつてＧＥで同僚だったウェルチの戦略をまねて、ゼネラル・ダイナミクスも事業をその市場でナンバーワンかナンバーツーになれる分野に絞るべきだと考えた（これは同じ時代のパウエル・ドクトリン［アメリカは確実に勝てる戦争のみに参戦すべき］と驚くほどよく似ていた）。
二．リターンが容認できないほど低いコモディティビジネスからは撤退する。
三．よく知っている分野のみに絞る。具体的には、営利事業（防衛産業にとって新しい収入源となると言われてもとらえどころのない聖杯のようなもの）は慎重に検討する。

そして、ゼネラル・ダイナミクスは戦略基準に満たない事業から撤退することにした。

さらに、アンダースは企業文化を大きく変える必要も感じていた。彼はCEOに就任する前に上級幹部から徹底的に話を聞いた結果、この会社にはエンジニア的考え方が深く浸透しており、「大きくて速くて壊滅的な」武器の開発を執ように続けてきた反面、株主対応はほとんどしていないことに気づいた。これはGEとは大きく異なる点だった。アンダースは積極的に経営の焦点を修正し、株主重視と経営基準（例えば、ROE［株主資本利益率］）重視の姿勢を浸透させていった。

また、彼はリターンを最大にするため、事業を大幅に整理しなければならないと考えていた。そのためには、新しいチームが必要で、まずはそれに着手した。彼が最初にしたことは、ジム・メラーを社長兼COO（最高執行責任者）に昇格させることだった。メラーは同社の造船事業の責任者として素晴らしい実績を上げており、アンダースの言葉を借りれば「最後の五セントまで確認して、責任をとらせる」タイプだった。二人は一九九一年の前半に二五人いた同社の上級幹部のうち二一人を差し替えた。

事業部門の次は、「金儲けの天才」ハービー・カプニックを副会長に迎え、再生に関する法的課題や戦略的課題に対処するために才能ある弁護士のニック・チャブラヤの協力を仰いだ。このチームは結成されるとすぐに桁外れのリストラに着手した。

アンダースがCEOを務めたのはわずか三年間だが、二つの段階――現金を生み出した時期とそれを使った時期――に分けることができる。そして、どちらの段階も、かなり変わった手法が使われた。

まずは現金を生み出すほうを見ていこう。アンダースとメラーが再生計画を始めたころ、ゼネラル・ダイナミクスは負債超過でキャッシュフローはマイナスだった。しかし、彼が再生を手がけた三年間で、同社は五〇億ドルの現金を生み出した。この驚くべき資金流入の元は二つある。事業部門を驚くほど引き締めたことと、アンダースの戦略的枠組みで主力部門にならない事業の売却である。

事業部門について、アンダースとメラーはそれまで膨大な在庫や資本投資や研究開発費が受け継がれてきたことを発見した。そこで、二人はすぐに超過部分を放出した。例えば、二人はあるときF16の製造工場を訪れた。この工場では一週間に一機製造していた。工場内を見回した二人は、大量にある高価なF16の円蓋（コックピットを覆っているガラス製のドーム部分）を数え、メラーの新しいルール「円蓋の在庫は最大二個まで」が導入された。また、隣にある戦車の製造工場にはあまり活用されていない高価な機械があったため、メラーは二つの工場を統合することにした。二人はほかにも工場長が必要量をはるかに超えた在庫を持ち、資本を増加しても投資利益率を計算していないことなどを突き止めた。

これらの点は、メラーの監視下ですぐに変更され、アンダースとともに執拗にリターンを追求する文化を作り上げていった。長年幹部を務めたレイ・ルイスによれば、「投下資本に対する現金収益比率が社内で最も重要な基準となり、常にそのことを考えるようになりました」（注3）。これは、歴史的に収益拡大と新製品の開発という目先のことだけを重視してきたこの業界初の試みだった。

なかでも注目すべきは、この新しい規律が政府案件の入札の仕方にも影響を及ぼしたことである。アンダースが着任する前は、ゼネラル・ダイナミクスも他社と同様にさまざまな案件に積極的に入札していた。しかし、アンダースとメローは十分な利益が見込めて、落札できる可能性が高い案件のみに絞るべきだと主張した。その結果、入札件数は大幅に減ったが、落札率は上がった。長年この業界を観察してきたアナリストのピーター・アセリティスは、「アンダースとメラーは、株主重視という新たな意識をもたらした。……これは防衛業界で初めてのことだった」(注4)と語っている。

アンダースとメローの体制になって最初の二年間で、二人は約六〇%の人員を削減し(本社は八〇%)、本部をセントルイスからバージニア州北部に移転し、厳格な資本使途認可制を導入し、運転資本への投資額は激減した。メラーによれば、「それまで貯め込んだ在庫や設備投資があったため、最初の二~三年はほとんど投資する必要がありませんでした」(注5)。

これらの改革は二五億ドルという多額の現金をもたらした。ゼネラル・ダイナミクスはROA(総資産利益率)で業界の絶対的トップになり、それは今日も続いている。

次は、期待以上の現金収入をもたらした資産の売却について見ていこう。メラーが事

業部門で余剰コストを削っていたころ、アンダースは非主力部門を売却し、最大の事業部門を買収によって拡大しようとしていた。アンダースは、同業者と話をするなかで、彼らは売ることよりも買うことに興味を持っているという面白い発見をした。そして、彼らが高くても買うということも分かった。そこで、アンダースは子会社を次々と売却し、会社は劇的に縮小した。

これは、この会社にとってもこの業界にとっても初めての試みだった。アンダースは、CEOに就任して最初の二年間でゼネラル・ダイナミクスのほとんどの事業を売却した。このなかには、IT（情報技術）、セスナ機、ミサイル、電子機器などの部門が含まれていた。

なかでも最大の売却となったのは主力の軍用機部門で、これはアンダースの戦略的枠組みのなかでも意外な試みであり、詳しく見ていく価値がある。この売却は、実はロッキードの小型戦闘機部門を買収しようとしたことから始まった。しかし、ロッキードのCEOが売却を拒否して高値でゼネラル・ダイナミクスのF16事業を買う逆提案をしてきたため、アンダースは極めて重要な判断を迫られることになった。

ここで、一度立ち止まって少しまとめてみたい。本書で紹介するCEOのほとんどは、詳細な戦略を立てずに柔軟に機を見て行動するのを好んでいた。反対に、アンダースは弱小分野を売却する一方で大きな部門を拡大するという非常に詳細で具体的かつ戦略的な視点を持っていた。彼は最初に売却を進めたあとは買収に目を向け、当然ながら最初にとりかかったのが最大の軍用機部門だった。彼は、この大きな部門を拡大して経済性を高めようとしていただけでなく、元戦闘機のパイロットで飛行機マニアとしてこの事業を愛していた。そこで、想定外にロッキードのCEOが一五億ドルという信じがたい高価を提示してきたとき、彼は正念場を迎えた。

このときの彼の行動は非常に意義深い。彼は躊躇することなくその場で売却に同意したのである（しかし多少の後悔はあった）。アンダースは合理的な経営判断を下した。これによって会社の規模は彼がCEOを務めた期間の最大時から半分以下になり、CEOとして自社の最先端のジェット機を飛ばすという楽しみを奪われたが、一株当たりの価値を増やすという目的には沿っていた。この一つの判断が、本書のCEOとの共通点を示している。彼らはみんな、本質的に合理的で、実際的で、不可知論者で、明敏だった。彼らはイデオロギーを持たない。アンダースも、適正価格を提示されれば会社本体は売らないにしても、大好きな部門でも躊躇せずに売却したのである。

このような売却はこの業界で前例がなく、極めて異例で、国防総省のなかでも大いに驚かれた。しかし、アンダースの名高い軍隊経歴はワシントンで独特な信頼を得ており、それが急進的な行動を容認させていた。長年防衛業界のアナリストをしているピーター・アセリティスの言葉を借りれば、「彼は少しニクソンに似ている。長年の反共産主義者なのに中国との関係を改善した。彼にしかできなかったことだ」（注6）。結局、子会社の売却は総額で二五億ドルの現金をもたらし、ゼネラル・ダイナミクスには市場で主要な地位を占める二つの部門である戦車と潜水艦が残った。

資産の売却と事業改革で多額の現金が流入したところで、アンダースの関心は資産配分に移った。価格が高いなかで、彼はさらなる買収はしないことにした。その代わりに、会社の現金の大部分を株主に還元することにしたのだ。彼はそれを最も効率的に行うため、ハービー・カプニックに助言を求めた。

大手会計事務所アーサー・アンダーセンの元会長だったカプニックは、弁護士としての訓練も受けており、税法に精通していた。彼はシカゴ・パシフィックという幅広く多角化した複合企業の再生が大成功を収めたことで知られていた。彼は、ゼネラル・ダイナミクスに貯まっていた現金のほとんどを極めて節税効果が高い方法で株主に還元するために、二つの創造的なアイデアを考えた。

まず、カプニックは三回連続で特別配当を行ったが、これは総額で株主価値の五〇％に近い金額に上った。ゼネラル・ダイナミクスの事業の大部分はアンダースによって売却されていたため、これらの配当は「資本収益」とみなされ、驚くべきことにキャピタルゲイン税の対象にも通常の所得税の対象にもならなかった。次に、アンダースとカプニックは三〇％の自社株買いをするため、一〇億ドルという莫大な金額を使って公開での買い付けを行うと発表した（これまでも見てきたように、企業と株主の両方で課税される伝統的な配当よりも自社株買いのほうが節税効果が高い）。

これらの動きがどれほど変わっているかはいくら強調してもし足りない。アンダースは三年弱で事業を劇的に整理し、会社の半分以上を売却し、五〇億ドルの収益を生み出し、それを研究開発や新たな買収ではなく、ほとんどを革新的な節税テクニックを使って株主に還元したのである。これらは、防衛産業では前例がない行動だったが、株主にとっては莫大な価値を生み出した。

上場会社が体系的に縮小するのは極めて珍しく、アンダースの言葉を借りれば、「たいていのＣＥＯは規模と成長率で自分を評価し……株主のリターンを重視する人はほとんどいません」。また、企業が体系的に収益を特別配当や自社株買いによって株主に還元することも、本書のCEOを除けば非常に珍しい。この二つの組み合わせはほとんど聞いたことがないし、伝統に縛られた防衛産業ではなおさらだ。

アンダースの大胆な行動の数々はウォール街を驚かせ、ゼネラル・ダイナミクスの株価は急騰した。そして、これはウォーレン・バフェットの関心も引いた。アンダースのリーダーシップの下でこの会社が資産を売却し革新的な株主重視の資産配分戦略をとっていることを見たバフェットは、一九九二年に一株当たり平均七二ドルでゼネラル・ダイナミクスの発行株式の一六%を買った。驚くべきことに、バフェットはたった一回しか会ったことがないアンダースに、バークシャーが保有しているゼネラル・ダイナミクスの株の代理投票権を与えた。これはアンダースが彼の戦略を断行できるようにするための配慮だった。

アンダースは予定どおり一九九三年七月にCEOを退任し、後任のメラーに引き継いだ（バフェットは、アンダースの退任に伴い、持ち株を売却して素晴らしいリターンを得たが、売却したことを今では後悔している）。アンダースは会長を一年間務めたあと、引退してアメリカ北西部の離島に移り住んだ。彼は、引退した船長は自分の船に戻って後継者に口出しすべきではないという海軍の伝統に従った考えを持っている。一九九七年以降、メラーの後継者のニック・チャブラヤとは一回しか話をしていないと誇らしげに語ってくれた。

ジム・メラーもエンジニアの教育を受け、ヒューズ・エアクラフトやリットン・インダストリーズを経て、一九八一年にゼネラル・ダイナミクスに入社した。彼はやがて造船部門の責任者になると、この市場で支配的な地位を築き、そのことが同志、補佐官、後継者の候補としてアンダースの関心を引いた。

アンダースからCEOを引き継いだあと、メラーも事業部門を最大限効率化し、若干残っていた非主力部門を売却した。このなかには宇宙システム部門も含まれていた。しかし、一九九五年になると、バス・アイアン・ワークス（アメリカ最大の軍艦の造船会社）に対して四億ドルの攻撃的な買収を試みた。この買収には大きな象徴的価値があり、社員や国防総省に同社が再び成長路線を目指すというシグナルとなった。メラーはこのことについて、「バスの買収はゼネラル・ダイナミクスが完全に清算されるという噂に終止符を打ちました」(注7)と語っている。一九九七年、メラーは定年を迎え、ニック・チャブラヤにバトンを渡した。

チャブラヤは、ノースウエスタン法科大学院を卒業後、シカゴの一流法律事務所ジェナー&ブロックで会社法の弁護士として約二〇年間働いた。彼は一九八〇年代に問題を抱えたゼネラル・ダイナミクスの案件を担当したことがあり、アンダースが着任したときには同社のキーアドバイザーになっていた。アンダースはすぐに彼の能力を見抜き、「これまで会ったなかで最も効率的で実務的な弁護士」と評していた。一九九三年、チャブラヤはメラーの後継者含みで法律顧問兼上級副社長として入社した。

チャブラヤはCEOに就任したとき、個人として野心的な目標を立てた。具体的に言えば、それは最初の一〇年間で株価を四倍にすることだった(複利で一五%のリターン)。S&P五〇〇の記録を調べた彼は、これがある程度難しい目標であり、フォーチュン五〇〇社で過去一〇年間にそれができた会社は五%に満たないことを知っていた。彼はこの会社の次の一〇年間の見通しを冷静に検討し、マーケットの成長と利益率の改善によって目標の三分の二は達成できると判断した。しかし、残りは買収に頼るしかなく、これはアンダースの戦略的枠組みから逸脱することを意味していた。

チャブラヤの買収方法は独特で、新しい資産配分先として最初は現存する事業に関連する小規模な買収を行っていった。彼の言葉を借りれば、「当社の戦略は、主力部門に直接かかわる会社を積極的に買い、……製品ラインを周辺分野まで広げていくことです」（注８）。ＣＥＯに就任して最初の一年で、彼は小規模な会社を一二社買収した。

レイ・ルイスによれば、当時は「私たちがよく理解できる会社を一社ずつ買っていきました」（注９）。この追加的に買収した部門は成長性が非常に高く、のちに急成長する軍事情報技術市場への参入につながった。そして、この部門は二〇〇八年には同社の最大事業に成長した。さらに、チャブラヤの買収戦略によって同社の戦車部門はストライカー装甲車の開発に成功し、潜水艦市場を長年牽引してきた造船部門は水上艦の建造が増えていった。

しかし、チャブラヤ時代のハイライトは、一九九九年に買収した世界最大の商業ジェット機メーカーのガルフストリームの買収だった。社運を賭けた五〇億ドルの買収額は、当時のゼネラル・ダイナミクスの企業価値の五六％に相当する大金だった。

この案件は、金額が高いこととアンダースの「防衛事業のみに集中する」戦略から逸脱していたことで各方面から批判された。しかし、それは見た目ほど突飛なことではなかった。ガルフストリームは、まぎれもなく商業航空機市場を牽引する企業で、この市場は素晴らしい長期的成長が見込めた。この会社は、それまでの五年間所有していたのが未公開株投資会社のフォーストマン・リトルだったため、新型機種開発のための投資が遅れていた。

ゼネラル・ダイナミクスは、かつてセスナ機や軍用機を製造していたため、商用機と軍用機の事業運営には十分な経験があった。チャブラヤは、この休眠中の専門性を使えばガルフストリームを大きく成長させることができると考えていた。また、商業航空機は防衛支出の変動に対処するための価値ある多角化だとも考えた。この理論が正しかったことは、それ以降のリターンが証明している（この二〜三年で防衛支出は減り、拡大するガルフストリームの事業は、予測のつかない防衛支出の波の重要な防護壁になっている）。

ここでは、さまざまな環境下で自分に与えられた手札をどのように使うかが、最終的に経営者として成功できるかどうかを決めるということを認識することが重要だ。チャブラヤとアンダースはともに合理的で、株主を重視していたが、具体的な行動はそれぞれの環境に応じて違っていた。ＣＥＯを務める時期が違えば、とるべき行動も違ってくるのである（チャブラヤの時期は買収、アンダースの時期は売却）。ただし、二人とも自社株買いは熱心に行った。

二〇〇八年半ばにチャブラヤがＣＥＯを退いたとき、同社のリターンは彼の最初の野心的な目標を大きく超えていた。しかし、そこで疑問がわく。三人のＣＥＯを合わせたリターンはどれくらいになるのだろうか。それは同業他社や巨人ウェルチと比べるとどれくらいなのだろうか。アンダースが着任した一九九一年一月からチャブラヤが退任した二〇〇八年七月までの一七年半に、アンダースと彼が厳選した二人の後継者は二三・三％（年率複利）という驚くべきリターンを株主に提供した。ちなみに、同時期のＳ＆Ｐ五〇〇は八・九％、同業他社は一七・六％だった（**図3.1**）。

これは、アンダースがＣＥＯに就任したときに一ドルを投資していれば、一七年後にはそれが三〇ドルになっていたということである。しかし、もしこの一ドルをこの業界の指数に投資していれば一七ドル、Ｓ＆Ｐ五〇〇ならば六ドルにしかなっていない。三人のＣＥＯは、Ｓ＆Ｐ五〇〇の五倍、同業他社の一・八倍というウェルチを上回るパフォーマンスを達成したのである。

図3.1　ゼネラル・ダイナミクス――3人のCEOの物語

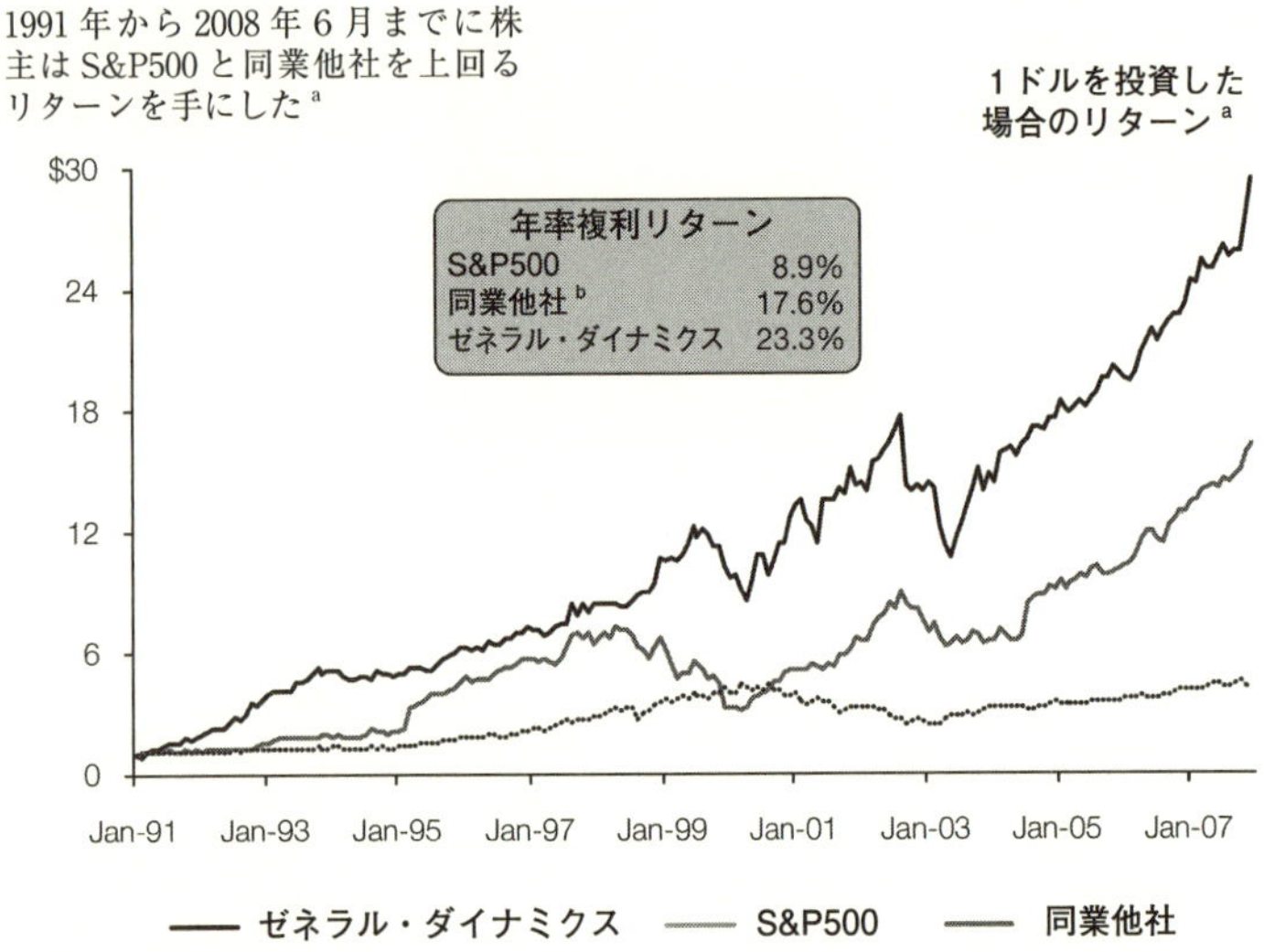

1991年から2008年6月までに株主はS&P500と同業他社を上回るリターンを手にした[a]

出所＝証券価格調査センター（CRSP）とゼネラル・ダイナミクスの年次報告書
a＝株式分割と株式配当を含む
b＝同業他社には、LMT（ロッキード・マーティン）、NOC（ノースロップ・グラマン）を含む。1991年1月1日の時価総額の加重平均にもとづいて算出

今日、ゼネラル・ダイナミクスはアンダースが退任したころとはかなり違って見えるが、彼の基本原則は損なわれていない。ゼネラル・ダイナミクスは、それぞれの事業が間違いなくその市場の主導的地位にあり、業界で最高の利益率とROAと堅固な財務内容を誇っている。二〇〇七年末にチャブラヤはジェイ・ジョンソンを後

継者に指名した。ジョンソンも素晴らしい経歴の持ち主で、アメリカ海軍で史上最年少の作戦部長を務めたあと、電力大手のドミニオン・バージニア・パワーのCEOを経て、CEO含みでゼネラル・ダイナミクスの副会長を務めていた。ただ、彼が引き継いだのは前よりも大きな会社で、この会社が何年か先も素晴らしい業績を維持しているかどうかは彼にかかっている。

現在、ビル・アンダースは、サンファンの離島で例によって活発な引退生活を送っている。彼はシアトル郊外に航空博物館を設立して好評を博しており、七〇代になった今でもジェット機を操縦している。彼はゼネラル・ダイナミクスとは距離を置いているが、今でも株は保有している。

経営のポイント

この驚異的なリターンのカギは、この会社が人材と資本を極めて効率的かつ防衛産業の基準からすればかなり変わった方法で配分したことにある。事業運営については、アンダースも彼の後継者たちも組織を分権化することと、幹部報酬を株主の関心と合致させるという二つの優先事項に集中的に取り組んだ。

軍隊出身のCEOが多い防衛産業では、当然ながら多くの企業が伝統的に中央集権型で官僚的な組織構造になっていた。しかし、ゼネラル・ダイナミクスはアンダースと二人の後継者の下で、それとは大きく異なる組織戦略を進めていった。一九九〇年代の初めに、彼らが事業部門を効率化し、本部社員を劇的に削減すると、アンダースとメラーは積極的に分権化を進め、責任を各部門に委譲して中間管理層を廃止していった。そして、チャブラヤもこの方針を継続し、さらに発展させていった。

チャブラヤが任期を終えたとき、ゼネラル・ダイナミクスの社員数はアンダースが着任したときよりも増えていたが、本部の人数は四分の一に減っていた。本部の責任者とCEOの間も、以前は四人いたのが二人に減っていた。本部に置いていた人事、法務、会計の担当部署は廃止か事業部門に移され、意識的に本部の介入を最小限にしていた。チャブラヤの言葉を借りれば本部が「事業部の人たちを翻弄する」のを阻止していたのである。事業部の責任者は予算を達成する責任——チャブラヤに言わせれば「厳しい説明責任」——を負っていたが、達成できていれば干渉されなかった(**注10**)。

また、アンダース以降、この会社はパフォーマンスに基づいた報酬制度に力を入れ始めた。一九九〇年代初めに新しい人材を引き付けるには、大幅に報酬を引き上げなければならないことをアンダースも分かっていた。このとき、伝統的なストック・オプション制度を導入することもできたが、取締役会によれば、株主がアンダース以前の株のパフォーマンスの悪さに不満を抱いており、承認しないだろうということだった。そこでアンダースは、経営陣と株主の目的を合致させるため、株価を継続的に改善した責任者に報いる報酬制度を作った。

ただ、この制度には問題があった。導入直後にウォール街がアンダースの異例な動きの効果を理解し始めて株価が急騰したため、早い時期に各部門の責任者に多額のボーナスを支払うことになってしまったのだ。そして、この件はすぐにマスコミによって広まり、大きな議論を呼んだ。しかし、ゼネラル・ダイナミクスはパフォーマンスに基づく報酬制度を続け、ボーナスとストック・オプションは今でも幹部報酬の大きな割合を占めている。

アンダースと二人の後継者の下でゼネラル・ダイナミクスが資本を調達し、配分した方法は、同じ防衛産業のライバルたちとはかなり違っていた。アンダースが初期に行った売却による豊富な売却益と安定的かつ健全な営業キャッシュフローを持つ同社は、大きな借入金や、一回の例外を除いて増資したりする必要がなかった。

ちなみに、この株の発行は資本配分の大きなポイントになっていた。チャブラヤ時代の最大の出来事は、ガルフストリームの買収である。しかし、彼はこの巨額の費用をどのようにして調達したのだろうか。彼は機を見て動く独特な方法でそれを行った。アンダースの脚本から急進的に逸脱したチャブラヤは、株を売った。それも大量にだ。これは一見希薄化のように見える。しかし、細かく見ていくと、その巧みさ（とアンダースの原則との共通点）が分かる。

図3.2を見ると、公募増資とPER（株価収益率）がそれまでの最高の倍率を付けた時期が重なっている（バフェットが自社株が最高値のときにそれを使ってゼネラル・リーという大型買収を行ったのとは違う）。

チャブラヤ自身の説明によれば、「私を買収へと動かしたのは、株価がそれまでの基準よりもかなり高くなっていたことに気づいたことでした。それまでは翌年の予想収益

図3.2　年平均PERに基づいたPERの推移

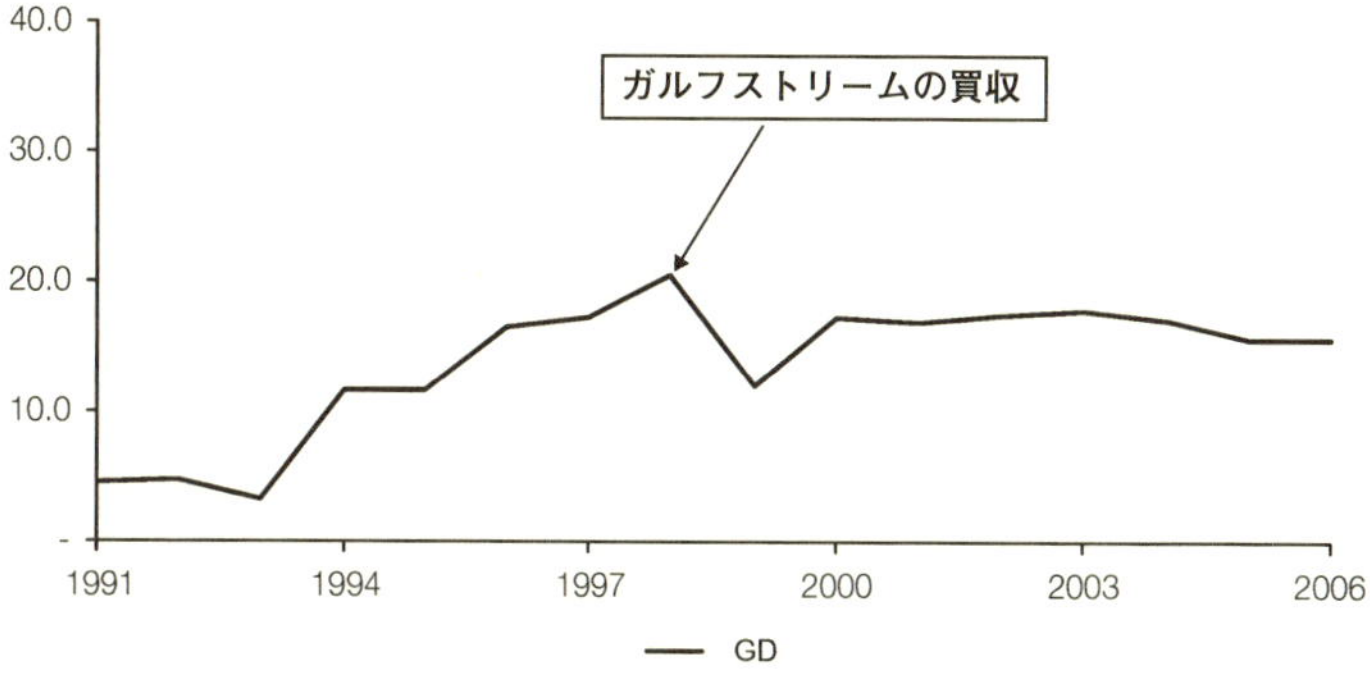

出所＝証券価格調査センター（CRSP）とゼネラル・ダイナミクスの年次報告書

の一六倍程度だったのが、当時は二三倍になっていたのです。そこで、この高い株で何ができるのかと考えました。そして、これを使って関連分野のＰＥＲが低い高品質な資産を買うというアービトラージを実行することにしました」（**注11**）。

　レイ・ルイスはこの取引について、「ニック（チャブラヤ）は発行済み株数の約三分の一相当の公募を行い、連結キャッシュフローの半分を生み出す事業を手に入れたのです」（**注12**）とまとめている。

　アンダースによるＦ16事業の売却もそうだが、チャブラヤの株の発行も優れた資本配分者が実践的で、機を見て柔軟に行動するという重要な特徴を示している。彼らはイデオロギーや戦略に縛られない。一九九九年に、チャブラヤは自前の安い通貨を使って会社を多角化して成長させるまたとないチャンスを見つけ、それをつかむことで株主に大きな追加的経済価値を提供したのである。

それでは、この大量の現金を三人のCEOはどう使ったのだろうか。

資産配分を見ると、アンダースと二人の後継者は同業他社大手とは常に違う（ときには根本的に違う）判断を下してきた。これまで見てきたとおり、アンダースは他社が盛んに買収を行っているときに、積極的に売っていた。彼はこの時期、買収はせず、設備投資もごくわずかで、この業界では初めてとなる大掛かりな配当金や自社株買いを行っていた。

アンダースの広範囲な縮小計画が終わると、メラーの資産配分における貢献は一九九五年のバスの大型買収によって買収路線を再開したことだった。ただし、その間もアンダース仕込みの配当や設備投資の倹約などの方針は続いていた。そして、チャブラヤもアンダース同様、独特な資産配分戦略を追求していった。設備投資はあえて抑え、配当も同業他社よりも低く抑え、買収と不定期な自社株買いにかなりの資金を投入していったのだ。

自社株買いによるリターンは素晴らしく、三人の期間全体で平均年率は約一七％に上っている。三人は、自社株買いに熱心に取り組み、特にアンダースとチャブラヤは積極的だった。これまで見てきたとおり、アンダースのこの分野の貢献はカプニックの助けを借りて行った一九九二年の公開での自社株買いで、このときは三〇％もの株式を買い戻した。

面白いことに、チャブラヤも積極的に自社株買いを行った。彼は弁護士出身だが、投資家のように常に自社の株価と本質的価値を比較して、割安なときは積極的に買っていった。レイ・ルイスはチャブラヤの時代について「マーケットが当社の価値を見誤っているときは、その恩恵を受けるために積極的に買っていきました」（注13）と語っている。

アンダースとチャブラヤは、二人とも気難しい性格だった。どちらも気骨のある因習打破主義者で、愚行は容認しなかった（広義のアウトサイダーCEOのなかではけっして珍しい姿勢ではない）。彼らはアメリカンフットボールの最強コーチであるビル・パーセルのマスコミ対応のようにウォール街のアナリストに対応し、いつも軽蔑すれすれの態度を見せていた。彼らは、アナリストの機嫌を取る価値をどうしても見いだせなかった。ただ、ウォール街は彼らのとげとげしさを称賛しなくても、ゼネラル・ダイナミクスの株主たちは間違いなくしていた。

追記――最大の賛辞

もしまねをすることが最大の賛辞ならば、ゼネラル・ダイナミクスは最近ノースロップ・グラマン（防衛産業の最大手の一社で、戦闘機とミサイルのトップメーカー）から大きな称賛を受けたことになる。一九九〇年代初め以降の同社の株のリターンは、ゼネラル・ダイナミクスに大きく水をあけられていた。

二〇〇九年にノースロップ・グラマンのCEOに就任したウェス・ブッシュは、劇的な戦略の変更を発表し、非中核資産を売却し、ＲＯＥの改善と自社株買いに力を入れ、本社の大幅な人員削減を行うことを表明した。どこかで聞いた話ではないだろうか。

ウォール街のあるアナリストは、「ノースロップ・グラマンが行っていることは……一九九〇年代前半のゼネラル・ダイナミクスの改革を思い出させる。……防衛産業では伝統的に収益拡大を必要以上に重視してきたが、ゼネラル・ダイナミクスはそれをせずに……拡大路線を突き進む同業他社を劇的に上回るパフォーマンスを過去二〇年間以上上げ続けている」と語った。

ブッシュ大統領の新戦略が発表され、その導入が始まってから、ノースロップの株価は劇的に上昇した。アンダースの公式は、外交政策が大きく変化した今日でも、ベルリンの壁が崩壊した時代と変わらず効率性と堅固さを保っているのである。

第4章

急激な変化のなかで価値を創造する――ジョン・マローンとテレコミュニケーションズ

「いずれにしても、まだ計算できる範囲を超えるところまでは至っていません」
――ジョン・マローン

「幸運とは計画の副産物にほかならない」――ブランチ・リッキー

マッキンゼーに長く務めたジョン・マローンは、一九七〇年までに魅力的な事業を見ればそうと分かるようになっていた。そして、ケーブルテレビ事業について知れば知るほどこれが気に入った。彼の関心を特に引いたのは三つのことだった。極めて予想しやすい公共事業のような収益構造、有利な税制、そして雑草のように成長していたことである。彼はマッキンゼーにいるときに、このような特徴を併せ持つ事業を見たことがなく、すぐにこれを仕事にしようと決めた。

高い成長率と収益が予測しやすいことは特に魅力的だった。一九六〇年代から一九七〇年代初めにかけて、アメリカの都市部以外でも好きなチャンネルや番組をもっときれいに見たいという要望が増えたことに伴って、ケーブルテレビ業界は急成長し、加入者数は二〇倍以上に増えた。ケーブルテレビの顧客は月額料金を支払い、解約することはあまりないため、この事業はかなり定量化しやすく、経験を積んだ経営者ならば加入者の伸びと利益率を驚くほど正確に予測できた。そして、この作業は定量分析が専門のマローンの経験をもってすればほぼ完璧にこなすことができた。ノーマン・メイラーをまねれば「スーパーマンがスーパーマーケットにやってくる」というところだろうか（メイラーが、J・F・ケネディがロサンゼルスに来たときのことを「スーパーマンがスーパーマーケットにやってきた」と書いた有名な記事から）。

マローンは、一九四一年にコネチカット州ミルフォードに生まれた。父はGE（ゼネラル・エレクトリック）の研究技師で、母は元教師だった。マローンは週に五日はGEの工場を回る父を崇拝していた。一〇代になると、機械系の才能を発揮し始め、中古ラ

ジオを買って修理して売ることで小銭を稼いでいた。彼は運動も得意で、高校ではフェンシング、サッカー、陸上などの選手だった。エール大学に進むと、経済と電気工学を専攻し、卒業してすぐに高校時代から付き合っていたレズリーと結婚した。

そして、ジョンズ・ホプキンス大学院でオペレーションズ・リサーチの修士号と博士号を修得した。彼が学んだ工学とオペレーションという二つの分野は、非常に定量的で、どちらも最大化、言い換えれば「ノイズ」を最小化して「アウトプット」を最大化するという共通点があった。実際、マローンの将来の仕事は極めて効率的かつ広範囲にバリューエンジニアリングを実践することで、株主の価値というアウトプットを最大にして、ほかからのノイズ（税金、諸経費、規制など）を最小化したとも考えることができる。

博士号を修得したマローンは、AT&T傘下の高名なベル研究所に就職した。ここで彼は独占市場における最適戦略を研究した。そして、大規模な金融モデルを使った研究の結果、彼はAT&Tが債務水準を増やして積極的に自社株買いをし、株数を減らすべきだという結論に達した。AT&Tの取締役会は寛大にもこの型破りな提言を聞くだけは聞いたが、即座に廃案にした。

二～三年が経過し、AT&Tの官僚的な文化は自分には合わないという結論に達したマローンは、マッキンゼー・コンサルティングに移った。以前から妻に父のような出張漬けの生活はしないと約束していたが、すぐに週に四日はさまざまなフォーチュン五〇〇社を訪ねる生活が始まった。一九七〇年、顧客のゼネラル・インストルメントから、急成長している同社のケーブルテレビ機器部門ジェロルドの経営を打診された彼は、そのチャンスに飛びついた。二九歳だった。

ジェロルドで、マローンは積極的に主要なケーブル会社との関係を構築し、二年後には最大手二社から同時にスカウトされた。ワーナー・コミュニケーションズのスティーブ・ロスと、テレコミュニケーションズ・インク(TCI)のボブ・マグネスである。TCIの報酬はワーナーよりも六〇%安かったが、マローンはTCIを選んだ。理由はマグネスの報酬には株の権利が大きく含まれていたことと、妻が騒がしいマンハッタンよりも比較的静かなデンバーを望んだからだった。

マローンが選んだTCIには積極的に成長してきた長い歴史があったが、破産の危機にかなり近づいていた。ボブ・マグネスは一九五六年にTCIを設立し、自宅を抵当に入れてテキサス州メンフィスに最初のケーブルシステムを構築した。マグネスは、もともとは綿実の巡回販売と牧場経営をしていたが、ヒッチハイキングをしているときにケーブルテレビ事業について知り、一五年後のマローンと同様、すぐにその魅力的な経済特性に気づいた。また、彼はこの業界の有利な税率についても早期に把握していた。

ケーブルテレビの賢い経営者は、借入金で新しいシステムを構築し、その費用を積極的に減価償却していくことで手持ちのキャッシュフローへの課税を免れることができる。大きな減価償却は、課税所得を減らすだけでなく、支払利息も減らす効果がある。つまり、経営がうまくいっているケーブルテレビ会社には純利益として計上する金額がほとんどなく、健全なキャッシュフローはあってもほとんど税金を支払っていなかった。もし、彼らがさらなる負債を使ってさらなるシステムを構築し、新たに手に入れた資産を減価償却することを続けていけば、彼らは永遠にキャッシュフローを税金から守ることができる。マグネスはこのことに気づいた最初の経営者で、積極的にレバレッジを使って会社を拡大してきた。彼の「税金を払うくらいならば利子を払うほうがまし」という発言はよく知られている。

ＴＣＩは一九七〇年に株式を公開し、マローンが入社した一九七三年には加入者六〇万人を擁するアメリカ第四位のケーブルテレビ会社に成長していた。しかし、負債のほうは収益のなんと一七倍もあった。マグネスは、会社が次の成長段階を乗り切るためには才能ある経営者が必要だと考え、人材を幅広く探したところ、マッキンゼーの神童にたどり着いた。マローンは、たぐいまれな分析能力や財務の高度な知識、技術的な知識、大胆さなどを含むさまざまな才能をＴＣＩにもたらした。しかし、彼の経営者としてのスタートは険しい道のりだった。

一九七二年末のケーブルテレビ株は高騰しており、ＴＣＩは公募を行って莫大な負債の一部を返済しようと計画した。しかし、マローンが着任してから何カ月もたたずに、この業界は新たな規制に不意打ちをくらい、ケーブル銘柄の熱気は冷めてしまった。ＴＣＩは公募を取りやめ、持続不能な負債は手つかずのままになった。

そして、一九七三～一九七四年にアラブ諸国が原油の生産制限に踏み切ると、突如流動性が途絶えてケーブル業界は危機的な状況に陥った。なかでも、三二歳の新ＣＥＯ（最高経営責任者）を擁するＴＣＩには同業他社をはるかに上回る負債があり、破産の淵にあった。ＴＣＩは、彼のいつもの率直な評価によれば「鯨の糞ほどの価値もなかった」（注１）。

ＴＣＩは厳しい状況にあり、マローンとマグネスは次の数年間、債権者を追い払いつつ会社を破産の淵から救うことに専念した。彼らは定期的に銀行と会合を持っていた。

ある緊迫した債権者会議では、途中でマローンがカギの束を会議室のテーブルの上に投げ出して「ケーブルテレビ会社が欲しいのならば好きにしてくれ」と言って会議室を出て行ってしまったこともあった。結局、慌てた銀行側が折れて融資期間の延長に合意した。

この時期、マローンは新しい財務と業務の規律を導入し、各部門の責任者に、利益率を維持しながら毎年加入者を一〇％増やすことができれば、彼らの独立性を尊重すると約束した。TCIの質素で起業家的な文化は、この時期に本部から現場へと広がっていった。

TCIの本部は、アメリカのメディア勢力図を書き換える業界の最大手の本部にはとても見えなかった。事務所は質実剛健で、少ない幹部とそれ以上に少ない秘書がビニール張りの床に置いた剥げた金属製のデスクで働いていた。受け付けは一人しかおらず、あとは自動音声の留守番電話で対応していた。TCIの幹部がそろって出張に出ても宿泊はたいていモーテル（車庫付きの簡易宿泊所）で、COO（最高執行責任者）のJ・C・スパークマンによれば「当時はホリデイ・インに泊まるのがたまの贅沢でした」（注2）。

マローンは自身を投資家で資本配分者だと考え、日々の業務は彼の長年の補佐役であるスパークマンに任せていた。そのため、スパークマンは広範囲に及ぶ事業から厳密な予算編成まですべてを管理し、各部門に課されたキャッシュフローの目標額を空軍出身者らしく軍隊並みの規律で達成させていった。ただ、各部門の責任者は、目標を達成していればかなりの自治権を与えられていた。反対に、月間目標が達成できなかった部門の責任者は、社内を飛び回っているCOOの訪問をたびたび受け、パフォーマンスが劣っていればすぐに差し替えられた。

このような質素な経営を続けた結果、TCIは長年、業界最高の利益率を誇り、投資家や債権者からは「予想は控えめ、結果は大きめ」の会社と呼ばれるようになった。TCI初期のころのアナリストレポートを見ると、キャッシュフローと加入者数が四半期ごとに予想を若干上回るというパターンが繰り返し見つかる。

巨大建築コンプレックス

豪華な新本社ビルの建設と投資家のリターンは明らかに反比例する。例えば、過去一〇年間にメディア企業三社――ザ・ニューヨーク・タイムズ、ＩＡＣ、タイム・ワーナー――は多額の費用をかけてタージ・マハルばりに手の込んだ本社ビルをマンハッタンのミッドタウンに建設した。この間、三社は大規模な自社株買いも行っていなければ、マーケットを上回るリターンも上げていない。反対に、アウトサイダーＣＥＯで豪華な本社ビルを建てた人はひとりもいない。

一九九七年になるとＴＣＩは規模が拡大し、保険会社から銀行よりも低コストの借入れを提示されるまでになっていた。収支が安定してくると、マローンはやっと攻勢に転じ、入社以来温めてきた考えに基づき、かなり型破りな戦略を実行することにした。

工学と最適化を学んだ彼は、初期のころからケーブルテレビ事業で価値を生み出すカギとなるのは財務的なレバレッジと納入業者（なかでも番組制作会社）にかかわるレバレッジを最大にすることで、どちらも重要なのはレバレッジの大きさだと考えていた。

これは単純だが見かけによらず有力な洞察で、彼はこれを粘り強く追及し続けた。一九八二年には、このことについて長年TCIに投資してきたデビッド・ワーゴに「ケーブルテレビ事業で将来利益率を上げて成功するには、レバレッジをかけて番組制作費用を管理することがカギとなります」（注3）と語っている。

ケーブル会社にとって最大の費用（運営費用の四〇％）は番組制作会社（HBO、MTV、ESPNなど）に支払う手数料である。大手ケーブル会社は、加入者数に応じて値下げ交渉ができるため、加入者が多いほど、加入者一人当たりの番組費用は安くなる（そしてキャッシュフローは増える）。この割引幅は規模とともに大きくなり、大手にとっては強力な規模のメリットになっている。

そのため、番組にかかる費用が最も安い最大手は、規模の小さい会社に比べて新たな買収も有利に行うことができた。会社を買うときに、大手は高い金額を出しても同じかそれ以上のメリットを得られるため、好循環が生まれた。たくさんのケーブル会社を買えば、番組制作費用が下がり、キャッシュフローが増え、さらなるレバレッジが使えるようになるため、それによってさらに新しいケーブル会社を買収でき、それが番組制作費用をさらに下げる、といった具合である。この理論とフィードバックループは、今では当たり前に見えるが、当時はマローンとＴＣＩほど積極的に規模を追求したケーブル会社はなかった。

この考えに関連して、マローンは当時の上場会社の聖杯とも言うべきＥＰＳ（一株当たり利益）を最大にすることと、規模を追求することが、初期のケーブルテレビ業界では矛盾することに気づいていた。マローンにとって、純利益が高いことは税金が高いことであり、ケーブル会社にとって最高の戦略はあらゆる手段を使って報告利益と税金を最小化して、税引き前のキャッシュフローで内部成長と買収に資金を投入することだった。

彼の手法がどれほど変わっていたかはいくら強調してもし足りない。当時のウォール街では、企業をＥＰＳのみで評価していた。マローンは長い間、ケーブル業界で唯一このような手法を続けていた。ちなみに、ほかの大手ケーブル会社は最初はＥＰＳを上げるための経営をしていたが、のちにＥＰＳを上げながら規模を拡大するのは難しいことに気づき、キャシュフローを重視するようになった（コムキャストは、一九八〇年代半ばになってやっと方針を切り替えた）。長年、ケーブル業界のアナリストをしているデニス・レイボウイッツによれば、「ＴＣＩはＥＰＳを無視することで、早い時期にほかの上場会社に対して重要な競争力を手に入れることができました」（注4）。

この戦略は今から見れば当たり前に見えるし、のちにはほかの上場しているケーブル会社も追従したが、当時のウォール街ではこれをどう判断すべきか分からなかった。マローンは、債権者や投資家に対してEPSの代わりにキャッシュフローを重視する方針を説明するため、新しい言葉を考え出した。今日では経営者や投資家が普通に使っているEBITDA（利払い・税金・償却前利益）などの言葉や概念をビジネス用語に組み入れたのは、マローンなのである。なかでもEBITDAは特に新しい概念で、マローンは損益計算書をそれまでのだれよりも深く精査して、利子や税金や有形資産・無形資産の償却費が引かれる前の純粋に現金を生み出す能力を算出した。今日では、EBITDAはビジネス界全体、特に未公開株や投資銀行の分野で広く使われている。

ケーブル株市場は一九七〇年代から一九八〇年代初めまでボラティリティが高かった。マローンとマグネスは敵対的買収を警戒してマーケットが下落するたびに自社株買いを

し、二人の持ち分の割合を増やしていった。一九七八年に、二人は複数議決権株式であるB株を発行し、自社株買いやトレードを複雑に組み合わせて行うことで、一九七九年までにB株の二人合わせた持ち分は五六％に達した。長年TCIの幹部を務めたジョン・シーが言うところの「強力な支配株主」になったのである。

このとき以降は、支配権も安定し、財務内容も改善したことからマローンは独自の執ようさと創造力を駆使して規模の拡大に専念した。新たな貸し手からの資金と内部のキャッシュフローとときどき行う公募によって得た資金で、マローンは極めて積極的な買収計画に着手した。一九七三～一九八九年にかけて、TCIは四八二件、つまり平均すれば二週間に一回は買収を行っていたことになる。マローンはあらゆる方法で加入者を増やそうとした。長年の投資家リック・レイスは「規模を追求するため、彼はたとえ有毒ゴミの廃棄所のすぐとなりでも、海辺沿いの土地ならば検討しました」。このときの売り手は、全米トラック運転手組合からレディバード・ジョンソン（リンドン・ジョンソン大統領の妻）まで多岐に渡っていた（**注5**）。

ただ、彼は見境なく買っていたわけではない。一九七〇年代末から一九八〇年代初めにかけては、HBOやMTVなど通信衛星で番組配信を行うケーブル局が出現し、ケーブル業界は新しい段階に入った。電波が弱い農村地帯に向けたサービスから、常に新しいものを求める都会の市場に新しいチャンネルを提供するサービスへと突然変貌したのである。業界がこのような新たな段階に入ると、大手ケーブル会社の多くは大都市のフランチャイズ獲得に力を入れ始めたため、すぐに買収合戦が加熱し、価格は高騰した。

しかし、マローンはケーブル会社が自治体にかなりの金額を支払う仕組みに納得できなかったことから、業界でただひとりこのフランチャイズの獲得競争には参加せず、もっと安い農村地帯や郊外の加入者獲得に力を入れていた。一九八二年、TCIは加入者二五〇〇万人を抱える業界最大手になっていた。

しかし、初期の都市部のフランチャイズの多くが過大な負債と経済性の悪さから破綻すると、マローンはこれらを当初の何分の一かの価格で買収した。これによって、TCIはピッツバーグ、シカゴ、ワシントン、セントルイス、バッファローなどのケーブルフランチャイズを支配下に置いた。

一九八〇年代は、FCCの規制が中だるみ的に緩和されていたことにも助けられてTCIは積極的に買収を進めていた。多くは小さな案件だったが、なかにはウェスティングハウスやストーラー・コミュニケーションズといった大型買収もあった。さらに、T

ＣＩは合弁事業も積極的に進め、ビル・ブレスナン、ボブ・ローゼンクランツ、レオ・ヒンデリーといったケーブル業界の伝説的な起業家と共同でケーブル会社を設立し、ＴＣＩは少数株主として参加した。一九八七年までに、ＴＣＩはタイムが所有する業界二位のＡＴＣの二倍の規模になっていた。

一九七〇年代末から一九八〇年初めにかけて、若い番組製作者やケーブル会社の起業家と共同で取り組んだ一連の合弁事業からは、マローンのさらなる創造力を見ることができる。このときのパートナーのなかには、テッド・ターナー、ジョン・シー、ジョン・ヘンドリックス、ボブ・ジョンソンといったケーブル界の殿堂入りメンバーをはじめとするたくさんの有望な人材がいた。マローンは、これらの共同事業を通じて、若くて才能のある起業家にＴＣＩの規模のメリット（加入者と割安で番組制作ができること）を提供する代わりに、彼らの会社の株を一部所有した。つまり、彼は実質的に極めて創造的なベンチャーキャピタリストだったのである。そして、これはＴＣＩの株主にも素晴らしいリターンをもたらした。彼は、有望だと思う起業家やアイデアを見つけると、すぐに支援する用意があった。

マローンは、一九七九年からは積極的に番組制作会社への投資を始め、開業資金やＴ

ＣＩの何百万人にも及ぶ加入者へのアクセスを提供した。ブラック・エンターテインメント・テレビジョン（ＢＥＴ）を設立したボブ・ジョンソンに、一回話をしただけで五〇万ドルの小切手を渡した件はよく知られている。マローンは、一九八七年には経営危機にあったテッド・ターナーのターナー・ブロードキャスティング・システム（ＣＮＮやカートゥーンネットワークを所有している）を救済するなどして、ケーブル企業の共同体を率いていた。一九八〇年末の時点で、ＴＣＩの番組ポートフォリオには、ディスカバリー・チャンネル、アンコール、ＱＶＣ、ＢＥＴなどに加えてターナーのチャンネルまで入っていた。マローンは今やケーブル会社と番組制作会社の両方から成る巨大グループを所有していた。

一九九〇年代初めになると、ケーブル業界は次々と悪い出来事に見舞われた。主な原因は、一九九〇年にＨＬＴ（高リスク商業貸し付け）に関する法律が制定され、ケーブル業界は負債による資本調達ができなくなったことと、さらに一九九三年のＦＣＣの規制強化によって大きく影響を受け、受信料を引き下げざるを得なくなったことだった。しかし、このような逆風のなかでもマローンは厳選した大手ケーブル会社（ビアコムやユナイテッド・アーティスト・ケーブルなど）の買収を続ける一方で、ルパート・マードックやFOXなどと共同でスターズ・アンコールや一連の地域的なスポーツ局などといった新しい番組ネットワークを設立していった。

一九九三年になると、マローンはTCIを巨大電話会社のベル・アトランティックに三四〇億ドルの株式交換で売却するという驚くべき合意に達した。しかし、この話は再規制のあおりを受けてTCIのキャッシュフローと株価が下落したことで破談になった。マローンは、一九九〇年代後半になると、中核のケーブル事業以外に時間を割くようになっていった。ケーブル会社の共同体を率いていた彼は、二つの大きな企業を設立した。競争力のある電話会社と、スプリントと共同で携帯電話のフランチャイズの買収を目指すスプリント・PCSである。

この新たな試みを進めるなかで、マローンは会社の支配的な地位を利用して魅力的なリターンを上げられそうなことに資本と時間を費やしていった。一九九一年、彼はTCIの番組制作会社の少数持ち分をスピンオフして新会社のリバティメディアを設立した。マローンは、最終的にはこの会社の大部分を個人的に所有することになる。これが、TCIベンチャーズ（テレポート、スプリント・PCS、そのほかのケーブル会社以外の資産）やTCIインターナショナル（外国のケーブル会社のTCIの持ち分）などマローンが作り出した一連のトラッキングストックの始まりだった。

マローンは、スピンオフやトラッキングストックを使う先駆者だった。彼は、こうすることで、①透明性を高め、以前はTCIの複雑な組織に隠されていた価値が高い部門に投資家が直接投資できるようにする、②TCIの主力であるケーブル部門とほかの規制対象になりそうな事業（特に番組作成部門）を明確に分ける――という二つの重要な目的を果たすことができると考えていた。マローンはAT&Tへの売却までに、一九八一年の超短波放送のウエスタン・テレコミュニケーションズを皮切りに、一四もの会社をスピンオフした。彼はヘンリー・シングルトンやビル・スティーリッツと同様、スピンオフを利用して意識的に事業を複雑化し、株主の利益が最大になるよう工夫していた。

一九九五年にスパークマンが引退すると、マローンはケーブル事業の運営を販売責任者だったブレンダン・クルーストンが率いる新たな経営チームに任せた。クルーストンの下で、TCIは顧客サービスを集約し、劣化してきたケーブル設備の改修に積極的に取り組んだ。しかし、一九九六年の第3四半期の決算が予想を大きく下回ったため、同社史上初めて加入者が減少し、四半期キャッシュフローも下がってしまった。マローンはこの結果に失望して復権すると、珍しく自ら直接経営の指揮を執り、すぐに社員を二五〇〇人削減して設備の注文を凍結し、積極的に番組契約を再交渉した。また、システムをアップグレードするために雇っていたコンサルタントをクビにして、顧客サービスの責任を現場の責任者に戻した。

事業が安定してキャッシュフローが改善すると、マローンはレオ・ヒンダリー（TCIのジョイントベンチャーのなかでも大手のインターメディア・パートナースのCEO）に事業を任せ、再び戦略的プロジェクトに専念した。ヒンダリーもTCIの再編を進め、すでに引退していたマービン・ジョーンズを呼び戻してCOOに据え、地域マネジャーの権限を増やし、積極的に加入者数増加とコスト削減に取り組んでいった。

ヒンダリーに事業を任せると、マローンは新たに台頭してきた衛星テレビに業界として対抗するため、デジタル・セットトップボックス（家庭用通信端末）の開発に集中した。彼は最初マイクロソフトに話を持ちかけたが、結局は業界最大手の機器メーカーであるゼネラル・インストルメント（GI）と三〇〇ドルのセットトップボックスを一〇〇〇万台製造することで合意した。この取引と引き換えに、マローンはGIのかなりの株式を要求し、持ち分はのちに一六％に達した。

一九九六～一九九七年の業績不振のまっただなかで、マローンのメンターで長年のパートナーだったボブ・マグネスが亡くなり、会社の支配権が問題になった。しかし、いつものように複雑な取引を重ねて、マローン自身とTCIでマグネスの複数議決権株式を買い取り、TCIの最終段階における「確実」な支配権を維持した。

一九九〇年代末に、マローンの非ケーブル部門の戦略的計画が実を結び始めた。彼のリターン見通しは正しく、一九九七年にはテレポートをAT&Tに一一〇億ドルという驚くべき価格で売却して、投資額の二八倍のリターンを得た。一九九八年には、ジョイントベンチャーだったスプリント・PCSをスプリント株九〇億ドルでスプリント・コーポレーションに売却し、一九九九年にはゼネラル・インストルメントの持ち分を一一〇億ドルでモトローラに売却した。

一九九〇年代末になると、マローンの関心はTCIの落ち着き先を探すことに移っていた。彼はケーブル事業を愛していたが、純粋に合理的なビジネスマンとしては一九八一年の時点ですでにアナリストのデビッド・ワーゴに「TCIは一株当たり四八ドルの価値があると思うので、その価格ならば売る」（注６）と語っていた。その後、目標とする売値は上がり続け、買い手は長いこと見つからなかった。しかし、一九九〇年代半ばになると、ＴＣＩの将来に暗雲を投げかけるいくつかの要素が出てきた。衛星テレビとの競争、都市部以外のネットワークを改良するための莫大なコスト、不透明な後継者問題などである。そこで、ＡＴ＆Ｔの積極的な新ＣＥＯのマイク・アームストロングから買収の話を打診されると、マローンは熱心に話し合いを始めた。彼は性格上、自分で交渉に臨んだが、テーブルの向こう側にはかなりの数のＡＴ＆Ｔの弁護士や銀行家や会計士の一団がいた。

二社の話し合いが進むなかで、マローンはこれまで行ってきた買収と同様に、売却に関しても巧みさを発揮した。リック・レイスによれば、「彼はＡＴ＆Ｔの取締役会に揺さぶりをかけ、最後の五セントを絞り出すまで引き下がりませんでした」（注７）。そして、最終的にはＥＢＩＴＤＡの一二倍、一加入者当たり二六〇〇ドルという桁外れの価格で合意が成立した。都市部以外の老朽化したネットワークの寄せ集めであっても、いっさい値引きしなかったのだ。そして当然ながら不要な税金を避けるべく株による取引を注意深く組み立て、ＴＣＩの投資家がキャピタルゲイン税を繰り延べられるようにした。

それに加えて、マローンはリバティの番組制作子会社の九人の取締役のうち六人を抑えて実質的な支配権を維持しており、AT&Tのケーブル網でリバティの番組を放映できる魅力的な長期受託放送契約を確保していた。この取引は、投資家に桁外れのリターンを提供してきたマローンのTCIにおける独自戦略を最後に大々的に検証する場となった。実際、これは信じられないようなリターンだった。ケーブル業界は、彼がCEOになってから二五年間で業界全体が巨大になり、すべての上場会社が繁栄した。しかし、このなかでマローンはほかの経営者とは比べものにならないほどの価値を株主にもたらした。彼がCEOとして入社した一九七三年からAT&Tに売却した一九九八年までに、TCIの株主は三〇・三%（年率複利）という驚くべきリターンを受け取った。ちなみに、同時期の上場ケーブル会社のリターンは二〇・四%、S&P五〇〇は一四・三%だった（**図4.1**）。

マローンがCEOに就任したときにTCIに一ドルを投資していれば、一九九八年半ばにはそれは九〇〇ドルを超えていた。しかし、もしほかの上場ケーブル会社ならば一八〇ドル、S&P五〇〇ならば二二ドルにしかなっていない。つまり、TCIはマローンの時代にS&P五〇〇の四〇倍以上、同業他社の五倍のパフォーマンスを上げたので

図4.1　マローンの在任中は株主へのリターンがS&P500や同業他社を劇的に上回っていた

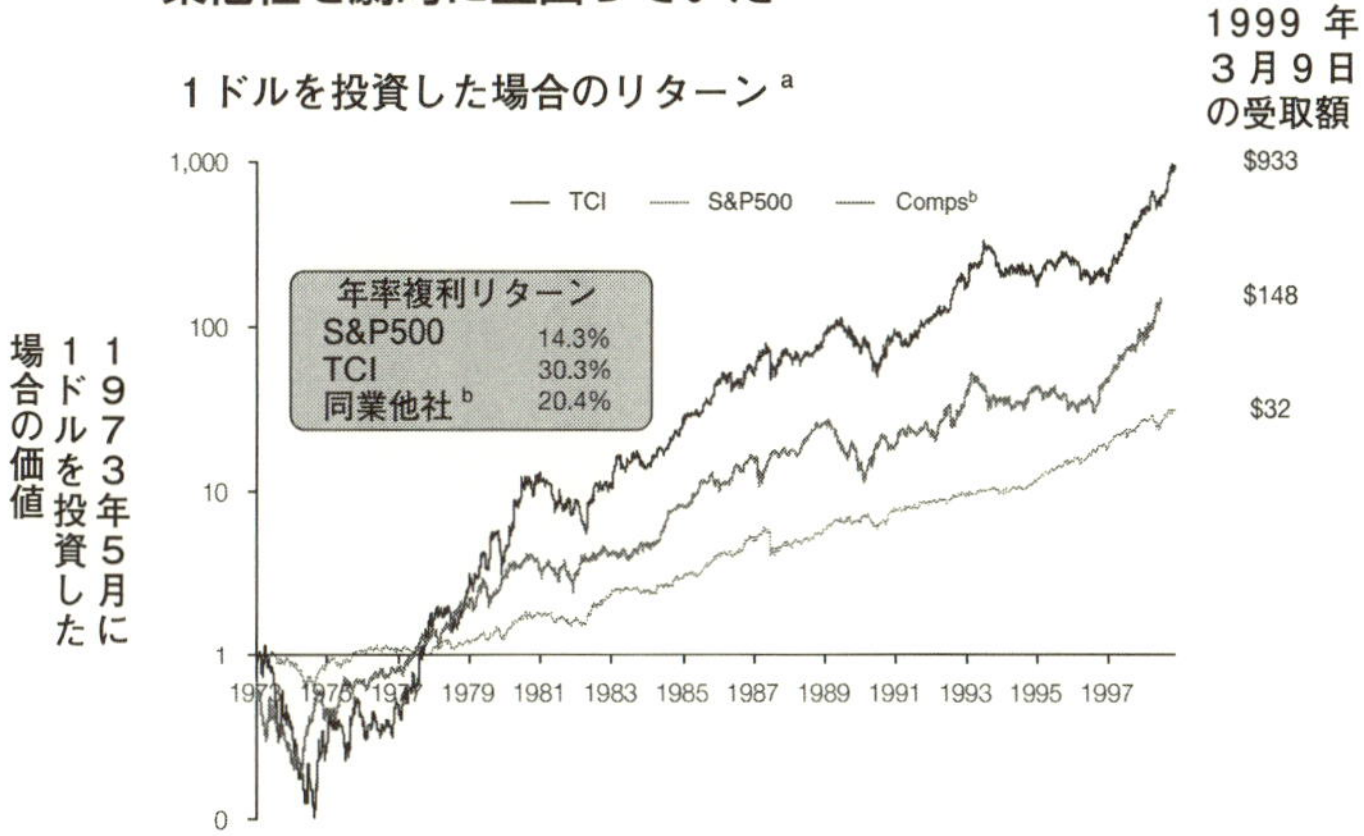

出所＝証券価格調査センター（CRSP）とTCIの年次報告書
a＝株式分割と株式配当を含む
b＝同業他社には、アデルフィア・コミュニケーションズ、アメリカン・テレビジョン&コミュニケーションズ、ケーブルビジョン・システムズ、センチュリー・コミュニケーションズ、コムキャスト、コックス・コミュニケーションズ、コックス・ケーブル、ファルコン・ケーブル・システムズ、ヘリテージ・コミュニケーションズ、ジョーンズ・インターケーブル、ストーラー・ブロードキャスティング、テレプロンプター、ユナイテッド・ケーブル・テレビジョンを含む

ある。

経営のポイント

マローンがCEOを務めた時期のケーブルテレビ事業は、ケーブルシステムの構築、購入、維持に膨大な現金が必要だった。TCIが加入者数を増やすことで規模を拡大していくためには、堅調な事業からのキャッシュフローに加えて、借り入

れと株と資産売却という三つの資金調達方法があった。彼はこれらの使い分けのうまさが際立っていた。

マローンは、ケーブル業界で借り入れを積極的に使う先駆者でもあった。彼は、金融レバレッジは二つの重要な特徴があると考えていた。リターンを拡大することと、金利支払い分の税控除でTCIのキャッシュフローを守ることである。マローンは、借り入れとEBITDAの目標比率を五倍とし、一九八〇年代から一八九〇年代のほとんどでその水準を維持していた。また、TCIの規模の大きさは借り入れのコストを最小限に抑える役に立った。一九七〇年代半ばの悲惨な時期を生き延びた彼は非常に注意深くコストを下げて相互担保を避け、もしひとつの債務が不履行になっても、それが会社全体の信用度に影響を及ぼさないようにしていた。このように「隔壁甲板」(何でも海に例えるマローンにちなんだ言葉で、「TCIの償却の船首波」とも呼んでいた)を作って区分化することはTCIの構造をさらに複雑にしたが、これがこの会社の強力な下支えとなってきた。

また、株を発行するときのマローンはドケチで、TCIがときどき行う公募はPER(株価収益率)が記録的な倍率になっているときに限られていた。一九八〇年に受けたインタビューで彼自身も、「最近、当社の株価が上昇したことは、公募を行う良い機会になりました」（注8）と語っている。彼はケチに徹して株の発行をすることに誇りを持っており、それが自分と同業者の違いのひとつだと考えていた。

マローンはときどき、状況を見て資産を売却していた。彼は、ケーブル会社の上場会社と未公開会社の価値を冷静に査定して、価格差があればどちらのマーケットでも積極的にトレードした。また、純営業損失（ＮＯＬ）を注意深く管理して、複数年の減価償却と支払利息による控除を使うことで、税金を支払わずに資産を売却していった。この負債の節税効果によって、彼は安心して価格が魅力的なときにケーブルシステムを売却し、将来の成長を見据えた資本調達ができた。マローンは一九八一年にはすでにデビッド・ワーゴに、「一部の事業をキャッシュフローの一〇倍で売却して、自社株を七倍で買い戻すことは、理にかなっています」（注9）と語っている。

ＴＣＩのもうひとつの資金源は、未納税金だった。これまで見てきたとおり、税金を最小限に抑えることはＴＣＩにおけるマローンの戦略の中心的な要素であり、マグネスがそれまで実践してきた節税方法を、まったく新たな水準に引き上げた。マローンの税金嫌いはかなりのものだった。彼は税制が自由主義の邪魔をしていると感じており、電子工学のエンジニアがシグナル漏れを検査するように、エンジニアの目で税金の「漏れ」を最小限にしていった。マローンの下でＴＣＩのキャッシュフローは二〇倍になったが、その間に高額の税金を支払ったことは一回もなかった。

実際、本社内の唯一の浪費は、税金の専門家を置いていたことだろう。この税金チームはマローンが自ら議長を務める毎月の会合で、税金最適化戦略を決めていた。そして、資産を売却するときは、ほぼ必ず株を使って売却したり（リバティメディアが今日でもニューズ・コーポレーション、タイム・ワーナー、スプリント、モトローラなどの株式を多数保有している理由はここにある）、累積ＮＯＬを使って利益を確保したりするなど、最新の税金戦略を常に実践していた。デニス・レイボウイッツによれば、「ＴＣＩは、税制上のメリットがなければけっして資産を処分しませんでした」（注10）と語っている。ケーブル業界で、ＴＣＩほどこの分野に時間と関心をそそいでいた会社はなかった。

一九七〇年代と一九八〇年代のケーブル業界は目覚ましく成長していた。資本を配分

するには高リターンの選択肢がたくさんあり、マローンはそれを最適に組み合わせてTCIの資産を構築していった。彼の経歴からも分かるように、マローンは冷静で合理的でまるで外科医のように正確に資本を配分していったのである。彼は、魅力的なリターンであれば、どれほど複雑で型破りな投資でも検討し、工学的な思考で、リターンが優れた計画だけを実行した。面白いことに、彼はスプレッドシートは使わず、リターンが簡単に計算できる計画を好んだ。「コンピューターには細かいデータがたくさん必要ですが……私はプログラマーではなく数学者です。正しくあるべきですが、厳密でなくともよいのです」と語ったこともある。

ＴＣＩの資本の使い方を決めるとき、マローンは同業者とはまったく違う選択をしてきた。彼はけっして配当を支払わず（検討すらしなかった）、借入金の返済もほとんどしなかった。彼は設備投資を嫌い、買収は熱心に行い、機会があれば自社株買いをした。

一九九〇年代半ばに衛星放送との競争が始まるまで、マローンは新たな収益が見込めないかぎりケーブルのインフラを改修する具体的なメリットはないと思っていた。彼にとっては、設備投資額が低ければキャッシュフローは高くなる、という計算は疑いようもないほど明快だった。そのため、ウォール街からどれほど非難されてもマローンは都市部以外のシステムの改修を断固として拒否していた。いつもの率直さで「あれ（都市部以外のシステム）はゴミも同然で、再構築するつもりはない」（注11）と発言したこともある。この姿勢は、新しい技術に大きな投資を行っていると、吹聴しているほかのケーブル会社のトップとはかなり違っていた。

皮肉なことに、ケーブル業界で最も技術力があるCEOが、新しい技術の導入に関しては「先駆者」どころか常に「しんがり」だったのである。マローンは、新しい設備の導入がいかに困難で高くつくかを知っており、同業他社が新しいサービスの経済性を証明するまで待つことにしていた。一九八〇年代初めに、新しいセットトップボックスの導入の延期を決めたときは、「投資を待ったことが原因で大量の顧客を失ったことはありません。残念ながら、ケーブル技術の先駆者は、背中に矢を受けることがよくありますす」と語っている。ペイ・パー・ビュー方式（番組有料視聴制）に関しても、TCIは上場ケーブル会社のなかで最後に導入した会社だった。そして、ついに導入したときには、番組制作会社に機器の費用の一部を負担させた。

しかし、彼は必要なときは投資する準備があり、一九九〇年代半ばに衛星放送が台頭してきたときは、チャンネル容量を増やして顧客の選択肢を増やすために、先陣を切って高価な新型のセットトップボックスを導入した。

もちろん、ＴＣＩが桁違いの資産を配分していたのは買収だった。これまで見てきたとおり、マローンは一見矛盾しているようだが、積極的かつ規律を持ってケーブル会社を買ってきた。彼は、だれよりもたくさんの会社を買い、実際その数は同業の大手三～四社の買収件数を合わせたよりも多かった。そして、これらは全体としてケーブル業界――不透明な規制と将来の競争相手の脅威にさらされた業界――の将来を見据えた莫大な賭けだった。一九七九～一九九八年にかけて、ＴＣＩが行った買収の年間平均額は、同社の企業価値の一七％にも上っていた（そのうちの五年は二〇％を超えていた）。

しかし、彼は安値でしか買わず、ＴＣＩの買収計画の基礎となる単純なルール――番組制作費の割引と人員削減が終わった時点で見込めるキャッシュフローの五倍までしか支払わない――を持っていた。この分析は、たった一枚の紙があれば計算できた（紙ナプキンの裏で計算することもあった）。高度な予想モデルなどは必要ないのである。

重要なのは予想の精度と期待した相乗効果を生み出せるかどうかであり、マローンとスパークマンの事業チームは新たに買収した会社の不要コストを削減するための高度な訓練を受けていた。ＴＣＩがワーナー・コミュニケーションズから苦境に陥っていたピッツバーグのフランチャイズを買ったときには、即座に社員の給与を半分に減らし、前オーナーが市のために建設した立派なスタジオを閉鎖し、本社を摩天楼からタイヤ倉庫に移した。すると数カ月で、赤字だった会社は大きなキャッシュフローを生み出すようになった。

このような単純なルールのおかげで、マローンは機会が到来したときにすぐに行動を起こすことができた。一〇〇万人の加入者がいるケーブル会社を所有するホーク家が一九八七年に売却を決めたとき、マローンはわずか一時間で買収交渉をまとめた。その一方で、このルールに見合わない案件からはあっさり手を引いた。長年ケーブル業界のアナリストをしてきたポール・ケーガンは、マローンが目標価格よりもわずか一〇〇万ドル高かっただけで、ハワイのかなりの規模の会社の買収を却下したときのことをよく覚えている。

マローンは大手ケーブル会社のCEOとしてただひとり、マーケットが下落しているときは機会を見て自社株買いをしていった。デニス・レイボウイッツによれば、「この間、ほかの上場MSO（複数のケーブルテレビ局を統括して運営している事業者）は、どこも大規模な自社株買いは行いませんでした」（注12）。反対に、TCIはマローンの任期に四〇％以上も自社株買いをした。彼の自社株買いのタイミングは素晴らしく、これによって平均四〇％以上（複利）のリターンを生み出した。

一九八〇年代初めにデビッド・ワーゴと交わした会話は、マローンの機を見て自社株買いを行う姿勢をよく表している――「私たちは、ＴＣＩの株を現在の価格で買い戻すことから、現在のＰＥＲとＰＭＶ（事業家的市場価値）でアービトラージすることまで含めて、あらゆる選択肢を検討しています」（注13）。自社株買いは、買収を含めてそれ以外の資本配分の選択肢を評価するための便利なベンチマークになっていた。マローンが一九八一年にワーゴに語ったところによれば、「ＴＣＩの株価が二〇ドル台前半ならば……新たな会社を買うよりも自社株買いをします」（注14）。

通常、資本の配分先とされている五つの選択肢に、マローンは六つ目を追加した。ジョイントベンチャーへの投資である。これまでに、ジョン・マローンほど積極的にジョイントベンチャーを使ったり、それを使って株主に大きな価値をもたらしたりしたＣＥ

Oはいない。彼は、会社の規模の大きさを利用して番組制作会社やほかのケーブル会社の持ち分を取得すれば、少ない追加投資で株主に大きな価値を提供できることに早い時期から気づいていた。AT&Tに売却したとき、TCIには独立した持分会社が四一社もあり、これらのケーブル会社や非ケーブル会社の多くがTCIの長期的なリターンに貢献していた。

ただ、多岐にわたるジョイントベンチャーの存在によって、TCIは分析が難しい企業と呼ばれ、ほかのケーブル会社よりも割安でトレードされることが多かった。デビッド・ワーゴによれば、「この会社を理解するためには、年次報告書のすべての注釈を読む必要がありましたが、それをする人はあまりいませんでした」(注15)。しかし、マローンはこれらの投資が生み出す莫大な価値に比べれば、会社が複雑になることなどわずかな代償だと考えていた。マローンの取り組みの多くに言えることだが、これらのジョイントベンチャーもあとから見れば理にかなっていた。しかし、当時は極めて異例で、ケーブル業界でジョイントベンチャーを使って事業を拡大しようとする会社はなかった。ほかのMSOが番組制作会社に出資し始めたのは、かなりあとになってからである。

マローンの冷静で、打算的で、スポック博士並みに理論ずくめの手法にもかかわらず、彼はTCIに強力な文化と忠誠心が高い社員を生み出した。彼は、これを動機づけと自治権という強力な組み合わせによって実現した。TCIでは社員の自社株購入制度を推進しており、社員の貢献度に応じてあらゆる地位の社員の参加を推奨していた。初期のころからの社員（マローンの長年の秘書も含めて）の多くはこの制度によって百万長者になり、この文化は素晴らしい忠誠心を生み出した。マローンがCEOに就任して最初の一六年間に退職した上級幹部はひとりもいなかったのである。

TCIの事業は驚くほど分権化されており、スパークマンが引退した一九九五年でも一二〇〇万人の加入者を擁するこの会社の本部には一七人の社員しかいなかった。マローンのいつもの率直な言い方によれば、「スタッフの数が多ければよいというものではありません。ほとんどの人間は、あとからとやかく言うだけの連中です」（注16）。この会社には、人事担当役員がおらず、一九八〇年代までは広報担当者もいなかった。デニス・レイボウイッツはTCIの文化について、自分たちは質素で行動的な「カウボーイ」

であり、ほかの大手ケーブル会社を経営している保守的で官僚的な（アメリカ）東部の人間とは対極にあると思っている、と説明している。

マローンは、ＴＣＩという急成長している資本集約的な事業の実際的な資本配分モデルを構築した。このモデルは、携帯電話、記録情報管理、中継タワーなどさまざまな業界の経営者がまねをしている。マローンは、本書で紹介したＣＥＯのなかでも、経歴が近いヘンリー・シングルトンに最も似ている（二人とも優れた数学者で博士号を修得している）。数学者にとって、洞察は変数が極端な値になったときに生まれ、マローンも例外ではなかった。ＴＣＩの特徴のひとつは、中途半端なことがないことかもしれない。この会社はケーブル業界の最大手で、番組制作コストと設備の維持費は最も低く、構造は最も複雑で、何よりもリターンはダントツに高かった。

マローンのＴＣＩの経営には、禁欲的なところがあった。経営戦略の要素――節税の追求から財務レバレッジの使い方まで――は、すべて株主リターンを最大にするために設計されていた。彼自身は、ＴＣＩを構築するための分析的手法を総括して、「いずれにしても、まだ改善できるところはたくさんあります」と言っている。それでも、株主たちは彼に永遠に感謝している。

第5章

後継者は未亡人――キャサリン・グレアムとワシントン・ポスト

「型破り（な手法）を確立してそれを続けるためには……常識から見ればまったく無謀なことをし続けなければならない」――デビッド・スウェンセン（エール大学基金ＣＦＯ）

キャサリン・グレアムがワシントン・ポスト・カンパニーの会長兼ＣＥＯ（最高経営責任者）に就いた経緯は非常に変わっていた。グレアムの父親は著名な資本家でワシントン・ポストの社主でもあったユージン・メイヤーで、彼女はその娘として使用人、寄宿学校、別荘、外国旅行といった特権階級の環境で育った。一九四〇年、キャサリンはハーバード法科大学院卒の優秀な弁護士で、アメリカ最高裁判事のフェリックス・フランクファーターの法律書記も務めたフィリップ・グレアムと結婚した。彼は一九四六年にメイヤーの策略でワシントン・ポストの経営者になることを余儀なくされた。彼は、ときには素晴らしい才能を発揮することもあったが、一九六三年に突然自殺してしまった。この悲劇のあと、キャサリンは思いがけずCEOに祭り上げられてしまう。

グレアムが、どれほど準備なくこの地位に就いたのかは、いくら強調してもし足りない。四六歳の彼女は四人の子供の母親で、約二〇年前に最初の子供を生んで以来、勤めに出たことがなかった。ところが、フィリップの突然の死によって、彼女は突然フォーチュン五〇〇社規模の企業で唯一の女性CEOとなったのだった。生まれつき内気な彼女は当然ながらおびえた。しかし、その後の驚くべき経緯はよく知られている。ちなみに、彼女についてはさまざまなところで紹介されているが、ピュリツァー賞を受賞した自叙伝『キャサリン・グラハム　わが人生』(ティビーエスブリタニカ)が断然優れている。

ただ、彼女が株主にもたらした恩恵については、あまり知られていない。同社が一九七一年に初めて株式を公開してから一九九三年の会長辞任までに、彼女は株主に二二・三%という驚くべきリターン(年率複利)を提供し、これはS&P五〇〇(七・四%)も同業他社(一二・四%)もはるかに上回っていた。新規公開時に一ドルを投資していれば、彼女が引退したときには八九ドルになっていたということである。ちなみに、同期間にS&P五〇〇ならば五ドル、同業他社でも一四ドルにしかなっていない。**図5.1**が

図5.1　グレアムの任期中、ワシントン・ポストの株主リターンはS&P500と同業他社のリターンを劇的に上回っていた[a]

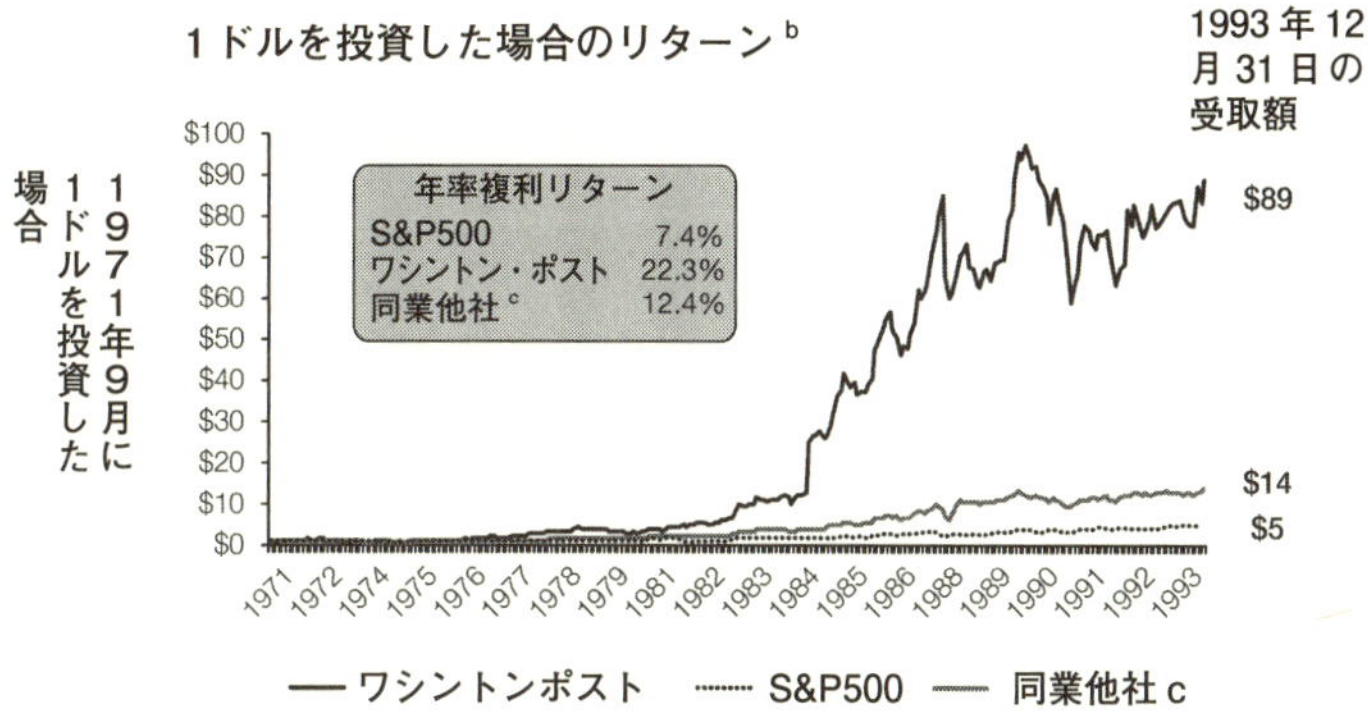

出所＝証券価格調査センター（CRSP）
a＝比較のために、グレアムの任期をワシントン・ポストが株式を公開した1971年としてある（実際に就任したのは1963年）
b＝株式分割と株式配当を含む
c＝同業他社のリターンは、ガネット・カンパニー、ナイト・リッダー、メディア・ゼネラル、ニューヨーク・タイムズ・カンパニー、タイムズ・ミラー・カンパニーを時価総額に応じて加重してある

示すとおり、彼女はS&P五〇〇の一八倍、同業他社の六倍のパフォーマンスを上げた。簡単に言えば、彼女は二二年間の任期中、アメリカの新聞業界でずば抜けて優れた経営者だったのである。

グレアムは、一九六三年九月二〇日（友人のジョン・F・ケネディが亡くなるほんの二カ月前）

にワシントン・ポストの社長に就任すると同時に、この会社――フィリップの下で大きく成長し、ワシントン・ポスト紙（ワシントンDC地区で成長していた三つの新聞のひとつ、通称ポスト紙）、ニューズウィーク誌、フロリダ州とテキサス州の三つのテレビ局など数多くのメディア資産を所有する会社――を相続した。

彼女は、最初の二～三年をこの新しい地位に慣れ、この仕事と取締役会と経営陣を知ることに費やした。そして一九六七年に、初めての大きな人事――長年ワシントン・ポスト紙の編集主幹を務めたラス・ウィギンスを、まだ四四歳のニューズウィーク誌の編集補佐であまり実績のないベン・ブラッドリーに交代させること――を決めたころからその存在感を示し始めた。

一九七一年には、取締役会の助言を受け、買収資金を調達するために株式の公開を決めた。ところが、公開から一週間もたたずに、ワシントン・ポスト紙はペンタゴン・ペーパーズ事件に巻き込まれた。この事件は、ニューヨーク・タイムズ紙が国防総省内部のベトナム戦争に対する否定的な評価報告書、つまり大きな議論を呼ぶ文書を暴露したことから始まった。同紙が裁判所から報道差し止めの命令を受けたため、ワシントン・ポスト紙がこれを引き継いで公開する機会を得たのだ。ニクソン政権は、戦争への批判が広がるのを恐れ、報道したら報道免許を取り消すと脅しをかけてきた。もしそんなことになれば株式の公開は取りやめになり、会社は主な収入源を失うことになる。弁護士も明確な助言をしないなかで、グレアムはすべて自身の責任で決断を下さなければならなかった。このとき彼女は報道することを決断し、それによってワシントン・ポスト紙の評価は高まった。結局、テレビ局の免許は停止されず、株式公開は一六〇〇万ドルを調達して成功に終わった。

一九七二年、ワシントン・ポスト紙はグレアムの全面的な支援の下で、共和党の違法な選挙運動の徹底的な調査を開始し、それがのちにウォーターゲート事件に発展していく。ブラッドリーは二人の調査好きの記者、カール・バーンスタインとボブ・ウッドワードとともにこの巨大スキャンダル追及の先鋒となって取材し、一九七四年の夏にはニクソン大統領を辞任に追い込んだ。このときの追及記事はワシントン・ポスト紙にピュリツァー賞（ブラッドリーは編集主幹時代に一八回という驚くべき受賞回数を誇った）をもたらし、ワシントン・ポスト紙は唯一ニューヨーク・タイムズ紙と肩を並べる存在となった。ニクソン政権からの妨害や脅しは事件の間続いたが、グレアムはそれらを断固として無視した。

グレアムは、株式公開で得た資金の一部を使ってニュージャージーに本拠を置くトレントン・タイムズ紙という二流の新聞社を買収した。この新聞は、二紙が競う地域で夕刊を発行していたが、伸び悩んだ。グレアムはこのときの教訓を生かして、それからは注意深く買収を行うようになった。

一九七四年、無名の投資家がワシントン・ポスト社の株を買い始め、その持ち分は一三％に達した。グレアムは、取締役会の助言を無視して新たな株主、ウォーレン・バフェットと面会し、取締役に加わるよう誘った。バフェットはすぐにグレアムの仕事上のメンターになり、同社が伝統にとらわれない道を進むための指針となった。

一九七五年、ワシントン・ポスト社は、強力な新聞記者組合の大規模なストライキに見舞われた。これは社員が印刷設備に火を放ったことから始まった。グレアムはバフェットやほかの取締役と相談したうえで、ストライキに対決することにした。そして、わずか一日休刊しただけで、彼女とブラッドリーとグレアムの二七歳の息子ドナルドは最小限の要員を集めて一三九日間新聞を発行し続け、記者たちはついに大幅な譲歩に応じた。

このストライキはこれにかかわったすべての人にとって辛い経験となったが（ピケ隊

のなかには、「フィリップはもうひとりのグレアムを撃つべきだった」と書かれたTシャツを着ていた人もいた［フィリップ・グレアムはピストル自殺だった］）、このときの譲歩によってワシントン・ポスト紙の利益率は劇的に改善し、業界全体の転換期にもなった。都市部の大手新聞がストライキに打ち勝ったほぼ初めてのケースだったからだ。また、ストライキはグレアム自身にとっても仕事上のウォーターゲート事件とも言うべき転換期になった。それ以降、ワシントン・ポスト社のリーダーとしての彼女の地位は不動のものになったのである。

このころ、バフェットの指南を受けて、グレアムは自分の会社の株を積極的に買うという型破りな決断を下した。当時、このようなことは考える人さえあまりいなかった（ヘンリー・シングルトンとトム・マーフィーを除いて）。それから数年間で、彼女は底値で約四〇％の自社株買いを行った。面白いことに、この動きに追従する大手新聞社は一社もなかった。

一九八一年は、二つの大きな出来事があった。まず、ワシントン・ポスト紙のライバルだったワシントン・スター紙が、長年の発行部数の低迷の末、ついに廃刊になった。それによって、ワシントン・ポスト紙はアメリカの首都で唯一の日刊紙となった。ストライキ後のコスト構造と、発行部数が劇的に増加したことで、同紙は一九八〇年代をとおして高い利益率を維持していった。

二つ目はさらに大きな出来事だった。一九七〇年代の一〇年間に、グレアムは四回目でついに強力なCOO（最高執行責任者）、ディック・シモンズを見つけたのだ。シモンズは、やはり総合的なメディア企業のダン＆ブラッドストリートの元COOで、着任するとすぐに同業他社に比べて利益率が低かったオペレーション部門の合理化に着手した。彼の到来は、利幅が大幅に改善した時代の幕開きで、ここでも成功したアウトサイダーCEOにとって重要な役割を果たす強力な業務補佐の存在を見ることができる。

シモンズはグレアムの後ろ盾の下、才能ある新しい幹部を採用し、トレントン紙を売却し、給与体系をボーナスに重点を置いた制度に変更し、同業他社よりも優れたパフォーマンスを上げるよう激励した。数年のうちに、同社の新聞とテレビ局の利幅はほぼ二倍になり、利益率も急上昇した。

一九八〇年代の新聞業界は、買収の新たな絶頂期を迎えていた。このころの新聞銘柄は、利益もPER（株価収益率）も上昇して、株価は高騰していた。しかし、ほかの大手新聞社の経営者と違い、グレアムはこの風潮を傍観していた。ワシントン・ポスト社も、アイオワ州、テキサス州、ケンタッキー州の大手新聞社などさまざまな案件を精査してはいたが、結局は小さな会社を二社買収しただけだった。ここで重要なのは、一九八〇年代半ばから末にかけて、この抑制した行動がどれほど異例だったかを認識することである。ひとりだけ別の道を行くグレアムに対しては同業他社やメディアからさまざまな意見があったが、人目を引き、排他的で、男性社会の業界における唯一の女性経営者にとって、これは特に辛い立場だった。

ここで重要なことは、グレアムの下で行った買収のほとんどが新聞や放送とは関係ない新たな事業につながるものだったことである。一九八三年、シモンズが新しく雇った元経営コンサルタントのアラン・スプーンが行った広範囲な調査に基づいて、ワシントン・ポスト社は携帯電話事業に進出し、デトロイト、ワシントン、マイアミを含む六つの都市のフランチャイズを総額二九〇〇万ドルで買収した。一九八四年には、スタンリー・カプラン教育センター（受験対策事業）を買収し、教育市場に足掛かりを作った。

最後に、一九八六年にバフェットのタイムリーな勧めによって彼女が行った最大の買収であるキャピタル・シティーズのケーブルテレビ事業を三億五〇〇〇万ドルで買った。これらひとつひとつが、のちのワシントン・ポスト社にとって重要な事業となった。

一九八八年の初めに株価が高騰するなかで、グレアムは携帯電話事業の大規模な設備投資の必要性を認識すると珍しく売却を決意し、この事業を一億九七〇〇万ドルで売って大きな投資利益を得た。

一九九〇年代初めの景気低迷期には、多額の負債を抱えて身動きがとれない同業他社が傍観するなかで、ワシントン・ポスト社はいつになく積極的に買収を進め、劇的な安値を利用してケーブルテレビ会社や経営不振のテレビ局、そしていくつかの教育事業を買収した。

一九九三年にグレアムが会長を辞任したとき、ワシントン・ポスト社は新聞業界のなかで圧倒的に多角化が進み、利益の約半分は印刷関係以外の事業から上がるようになっていた。この多角化は、息子のドナルドの下で、さらなるパフォーマンスの向上につながっていった。

グレアムは、後継者問題にも手腕を発揮し、同族会社にもかかわらず一九八〇年代末から一九九〇年代初めにかけて息子のドナルドを含めた次世代のリーダーの育成を始め、一九九一年にドナルドにＣＥＯを引き継いだ。同じ年には、彼のメンターだったディック・シモンズに代わってアラン・スプーンがＣＯＯ兼ドナルドのメンターとなった。グレアムが七六歳で退任すると同時に、若くて才能ある経営者が同社でますます重要になってきたケーブル事業（トム・マイト）と教育事業（ジョナサン・グレーヤー）を引き継いだ。彼らの才能とリーダーシップによって、同社はそれから一五年間、同業他社を上回るパフォーマンスを維持していった。

経営のポイント

グレアムは、バフェットの助けを借りて、非常に効率的かつ型破りな資本配分者となった。彼女の資本配分の手法の特徴は、業界最低水準の配当と負債と業界最高水準の自社株買い、比較的少ない買収、慎重な設備投資などにある。ここからは、彼女の手法について、まずは資本の調達方法から見ていくことにする。

グレアムの任期中、ワシントン・ポスト社は安定的に多額のキャッシュフローを生み出し、一九八〇年代にスター紙の廃刊によって新聞の収益が急増したことや、ディック・シモンズがすべての事業部門の利幅を改善したことなどによって利益率は劇的に上昇した。これらの現金の流入に加えて、同社にはレバレッジと資産売却というあまり他社で行われていない二つの収入源があった。

通常、グレアムは借り入れには慎重で、彼女の任期中の財務内容は同業他社のなかでも最も保守的だった。彼女が負債を大幅に増やしたのはほんの二～三回で、最も大きかったのは一九八六年にキャピタル・シティーズのケーブル部門を買ったときだった。ただ、ワシントン・ポスト社の強力なキャッシュフローによって、これも大部分は三年以内に返済した。

グレアムの下で、ワシントン・ポスト社はバフェットのバークシャーと同様、売却もスピンオフもほとんどせず、長期間、事業を直接所有していた。唯一の例外は一九八八年初めに売却した携帯事業会社で、これは莫大な投資リターンをもたらした。

グレアムは、このキャッシュフローを注意深く使った。彼女は、任期中ずっと節税対策として最低水準の配当しかしなかった。ここでも、普通と反対の手法は注目に値する。特に、新聞業界では配当に頼る大株主の創業者一族がいるケースが多いからである。ワシントン・ポスト紙はグレアムの下、業界で最低水準の配当を続けたため、内部留保は最も多かった。

グレアムの収益の使い方は、シモンズやバフェットや別の取締役であるキャピタル・シティーズのダン・バークなどの影響を受けていた。設備投資の決定は、すべて厳格な承認過程を経ることになっており、投資する資本に対して高いリターンが求められた。アラン・スプーンの言葉を借りれば、「これは完全管理された制度で、余剰金はすべて本部に送られることになっていました。そのうえで、各部門の責任者は資金が欲しければ計画を論証しなければなりませんでした。重要なのは『次の投資先はどこが最適なのか』ということで、会社はこの答えについて厳格かつ懐疑的でした」（注1）。

このような規律によって、グレアムは物理的な工場への投資について、同業他社よりも慎重に判断していた。一九八〇年代には、ほかの大手新聞社は印刷時間やカラー印刷を改善するために新しい印刷機や印刷前工程の設備に何億ドルもの投資を行っていた。

しかし、グレアムは大手新聞社のCEOとしてはただひとり投資を控え、設備の価格が下がってそのメリットが同業他社によって証明されるまで待ったため、大手のなかで一番遅くまで旧式の凸版印刷を使っていた。

グレアムの買収の仕方には、忍耐と多角化という二つのテーマがあった。ワシントン・ポスト社の株式公開から彼女が退任するまでの時期のメディア業界は、一九七〇年代半ばと一九九〇年代初めの厳しい弱気相場で中断された以外は、だいたいにおいて収益とPERが上昇していた。言い換えれば、彼女の任期中にメディア会社の価値は大きく変動したが、このようななかで彼女は優秀なナビゲーターぶりを発揮した。

グレアムの行動は、マクロ経済の動きと反比例しており、任期の最初と最後に大規模な自社株買いと買収を行った以外の時期はほとんど何も行わなかった。

彼女は取締役会とともに、すべての案件について厳格な分析を行った。トム・マイトによれば、「買収はレバレッジなしで一〇年間に最低でも一一%の現金リターンを上げるものでなければ認められませんでした」。ここでも、この一見簡単な検証が非常に効果的なフィルターになっており、マイトいわく、「この選考を通過する案件はほとんどありませんでした。買収に対する会社の信念は、本当に正しい案件が来るまで待つということでした」（注２）。

これまで見てきたとおり、一九八〇年代の買収合戦のなかでグレアムはほとんどそれに参加せず、大小いくつもの新聞社の買収を見送った。息子のドナルドは、当時を振り返って「買収しなかったことが重要でした。もしあのとき買っていれば、今日、ほかの大手新聞社と同じように、それらの資産が私たちの首を絞めていたでしょう」（注３）。この時期に買った数少ない新聞――ミネアポリス・スター・トリビューン紙を発行するコールズ・メディアの株を少しと小規模な日刊紙を数紙――には理由があった。この取引は根柢にグレアムとコールズ家の長年の付き合いがあったからで、競り合うことなく良い価格で買うことができたのである。

このような規律を維持するのに、バフェットが重要な役割を果たした。彼はグレアムの資本配分の控訴院役として、大きな資本投資に関する判断にはすべてかかわっていた。特に買収に関しては重要な役割を果たした。しかし、彼は指示するという感じではなかった。クラバス・スウェインのパートナーで長年ポスト社の取締役を務めたジョージ・ギレスピーによれば、「バフェットは『それはやめろ』とは言わず、『私ならばこういう理由でやらないが、あなたがやるというのならばそれを支持します』という言い方をしていました」（注4）。ただ、バフェットの理由にはいつも説得力があり、それらの案件はたいていは見送られた。

グレアムの下で行われた買収の多くは新しい事業につながるもので、新聞や放送とは無関係で、競争が少なく、価格が妥当な会社だった。特に多角化に大きく貢献したのが、教育市場への足掛かりとなったスタンリー・カプランの受験対策事業と、急成長するケーブル事業に参入するための一九八六年の大型買収、キャピタル・シティーズだった。キャピタル・シティーズのケーブル部門の買収は、コールズ・メディアのときと同じく大規模かつ機に乗じて行われ、グレアムの規律ある買収への取り組みを表している。キャピタル・シティーズがABC買収後にFCC（連邦通信委員会）の規制によってケーブル事業の売却を余儀なくされたとき、ウォーレン・バフェットはワシントン・ポスト紙が独占的に交渉できるようにお膳立てをした。グレアムは、これが有望かつ独占的な交渉機会だということを感じ取った。目まぐるしい週末のあと、彼女と検討チームは一加入者当たり一〇〇〇ドルという破格でこの事業の買収を決めた。このとき、投資銀行はいっさいかかわっていなかったことに注目してほしい。

一九九〇年代初めの景気後退期におけるグレアムの普通とは違う買収方針も効果的だった。過大な債務を抱えた同業他社が傍観を余儀なくされるなかで、非常に強力な財務内容を誇るワシントン・ポスト社は積極的に買いに転じた。劇的な安値が続く時期に、ワシントン・ポスト紙は好機を見極めて一連の地方ケーブル局とテキサス州の経営難のテレビ局といくつかの教育関連事業を買っていった。これらはすべて、のちに株主に大きな利益をもたらした。

これまで見てきたとおり、自社株買いもグレアムにとっては資本配分の主な選択肢のひとつだった。バフェットに自社株買いのメリットについて説明を受けると、グレアムは熱心に自社株買いを始めた。彼女は一九七〇年代から一九八〇年代初めにかけてPER一桁台で大量に（最終的には四〇％近く）自社株買いを行うことで、株主に大きな追加的価値を提供した。長年ワシントン・ポスト紙に投資してきたサウスイースタン・アセット・マネジメントのロス・グォッツバックによれば、「自社株買いと言っても、ただ買えばよいというものではありません。彼女は正しいタイミングで大量に買ったのです」（注5）。最初のころは取締役会の抵抗を受けながらも、彼女は新聞社の経営者ではただひとり、積極的に自社株買いをしていった（図5.2）。ジョージ・ギルスピーによれば、「当時、自社株買いをするのは非常にまれなことでした」（注6）。ちなみに、バフェットは最初一三％を保有していたが、一回も売却せず、今日では二二％以上を保有している。

皮肉なことに、一九八〇年代初めに経営コンサルタントのマッキンゼーは、ワシントン・ポスト社に対して自社株買いをやめるよう助言している。グレアムはこの助言に従って二年余りこれを中断したが、バフェットの助言もあって冷静さを取り戻し、一九八四年に自社株買いを再開した。ドナルド・グレアムは、このときの助言によるワシントン・ポスト社の株主の機会損失は数億ドルに上ると考えており、「これまでで最も高くついたコンサルタント料」と呼んでいる。

図5.2　ワシントン・ポストはこの業界で大量に自社株買い（38.5%）をした唯一の会社だった

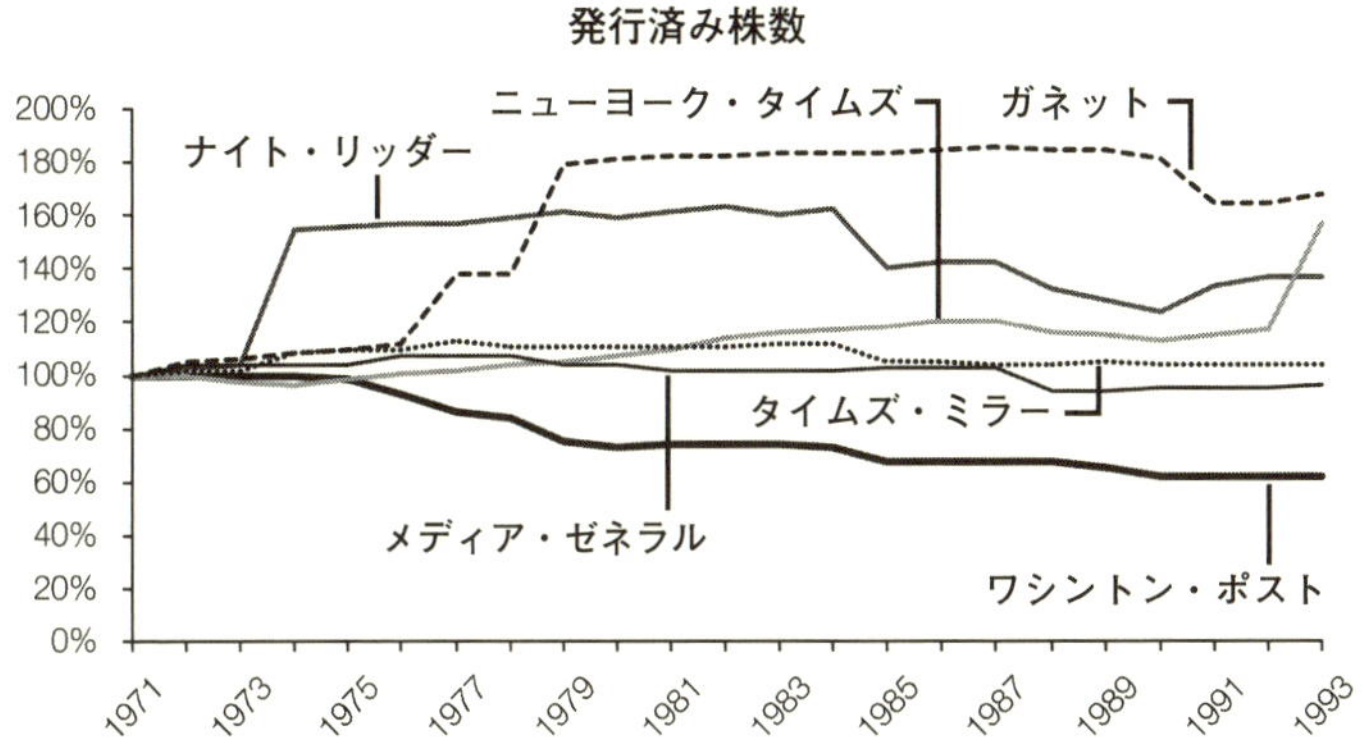

「当時、自社株買いをするのは非常にまれなことでした」――ジョージ・ギルスピー

出所＝コンピュスタット、証券価格調査センター（CRSP）

もう少し広義の資源の配分ということで言えば、グレアムの経営の決定的な特徴のひとつは、才能ある人材を見つけ、会社や取締役会に引き込む独自の才能にあった。彼女は一見、気位が高そうに見えることもあるが、直観的に人を見る目があり、アラン・スプーンによれば「彼女は実に見事な『招集係』でした」（**注7**）。このなかには、支配階級の見本のような人たち――元国防長官のロバート・マクナマラ、ニューヨークの一流法律事務所クラビス・スウェインの弁護士たちなど――もいたが、明らかに慣習にとらわれない人選もあった。なかでも特別な人物が二人いた。

前にも書いたように、ひとりは彼女が一九六七年にワシントン・ポスト紙の編集主幹に指名したベン・ブラッドリーである。グレアムは、ニューズウィーク誌の編集補佐で比較的無名だったブラッドリーを、長年ワシントン・ポスト紙の編集主幹を務めたラス・ウィギンスと交代させた。この人事がどれほど型破りなことだったかを説明するのは難しい。新聞社のトップが決定する最も重要な人事は、その新聞の内容と姿勢について全責任を負う編集主幹の人選だろう。グレアムは、一九六〇年代末の目まぐるしく変化していく政治や文化に対応できる若い編集主幹が必要だと考えた。彼女が昼食の席で初めてこのポストを打診したとき、辛辣なブラッドリーが「残りの人生をこの仕事に捧げたい」と答えたことはよく知られている。新聞社の幹部としての経験がないブラッドリーは、新聞編集のプロで長年の経験があるウィギンスとはまったく違っていた。

しかし、ブラッドリーは大胆かつ直感力がある編集者となり、一九七〇年代に栄光と社会的混乱をもたらした数々のスクープをものにした。また、彼は若くて才能ある記者を引き付けた。このような才能の流入と、米国紙で初めて文化面を取り入れるなどの革新的な紙面作りによって、一九七〇年代から一九八〇年代にかけてワシントン・ポスト紙は安定的に発行部数を増やし、ポスト社の増収の原動力となった。

彼女のもうひとつの決断は、一九七四年の厳しい弱気相場のさなかに、新しい投資家がワシントン・ポスト紙の株を大量に買っていることが分かり、社内に不安が広がったときだった。特に、取締役会はこの新参者の素性と意図に疑念を抱いた。グレアムが引き継いだ取締役会は、経験豊富な地元の事業者や夫の同僚などで構成されていた。このころの彼女は、新聞に関しては少しずつ自分の考えで進めることが増えていったが、経営については取締役会の意見に従うことも多かった。

しかし、このときはみんなの反対を押し切って、この新たに現れたバフェットという無名の投資家に会うことにした。そして、ここが彼女のすごいところなのだが、すぐに彼の比類ない能力を見抜き、取締役会の助言を入れずこの投資家を取締役として迎え、彼女の側近兼相談役という役割に就けた。このとき彼女はバフェットに、「優しく私の気持ちを傷つけないようにアドバイスしてちょうだい」（注8）とだけ言った。

バフェットを迎えるという判断は、当時はかなり独特かつ型破りな考えだった。彼は一九七〇年代半ばの時点では、ほとんど知られていなかったからだ。どの経営者にとっても、だれをメンターに選ぶかは極めて重要なことで、グレアムの人選は異例かつ途方もなく優れていた。彼女の息子のドナルドはこのことについて「あまり称賛されていないが、このほとんど無名の男性が天才だということを見抜いたことは、母の最高の功績のひとつです」と言っている。

そして、三つ目の独自の判断――前の二つほど変わってはいないが、重要なことには変わりない――は、一九八一年にシモンズを雇ったことだった。オペレーション管理の経験がなかった彼女にとって、COOにだれを就けるかは特に重要で難しい判断だった。彼女は長い時間をかけて最適な人材を探した。グレアムは仕事に厳しく、必要とあらば躊躇なく人事異動を行った。シモンズを探し当てるまでには、一九七〇年代に四人のCOOをクビにしているのだ。シモンズは着任から一〇年間でオペレーションを劇的に引き締め、新聞部門と放送部門両方の利益率を改善した。

シモンズも、グレアムの分権化の方針に従って、彼女の支援を受けてすぐにオペレーション部門の重要ポストに適切な人材を充てていった。また、各部門の責任者には大幅な裁量権を与え、報酬を同業他社との相対的なパフォーマンスによって評価するように変えていった。

ワシントン・ポスト社は、伝統的に分権化の社風がある。もともとユージン・メイヤーもフィル・グレアムも自らの判断には自信があり、たくさんの顧問を必要としていなかったため、本部の人数は絞られていた。この体制はキャサリン・グレアムとシモンズの下でさらに深化されていった。グレアムは最高の人材を見つけることに熱心に取り組み、あとはその人に任せることができた。あとを継いだ息子のドナルドもバフェットやダン・バークの影響を受け、母が推進してきた分権化をさらに進めていくだろう。彼は今では「ワシントン・ポスト社はアメリカで最も分権化が進んだ会社のひとつ」だと考えている。

グレアムは、かつて父親が新聞の日々の運営を三一歳の夫に引き継ぐのを目にしていたこともあり、若くて有望な管理職に責任を与えることを恐れていなかった。のちに同社のケーブル事業を見事に運営することになるトム・マイトは、同社始まって以来の大規模投資となったバージニア州スプリングフィールドの印刷工場の建設計画の責任者を三〇歳で任された（そして、予算を三〇％も削減した）。アラン・スプーンがワシントン・ポスト社のCOOに就いたのは三九歳のときで、ジョナサン・グレーヤーが教育部門のCEOに就いたのは二九歳、そしてドナルドがポストの発行人になったのは三三歳のときだった。

グレアムはCEOとして成功していたにもかかわらず、三〇年間の任期のなかでときどき自信喪失の念に駆られることがあった。しかし、彼女には幸い強い意思と自立心があり、ストライキによる社員の抵抗にも、ニクソン政権の度重なる脅しにも、執拗に自社株買いをしたり、買収合戦にかかわらないことを同業の経営者が疑問視する態度にも屈せず、それを無視して議論を呼びそうな異例の判断を下すことができた。結局、この新米CEOはジャーナリズムにおいても財務面においても同業他社がうらやむ功績を残し、それを彼女流に堂々とやってのけた。ベン・ブラッドリーは、彼女を懐かしんで「彼女はとても楽しい人でした」（注9）と笑った。

追記　二つの会社の物語

過去二〇年間で、新聞業界ほど繁栄から劇的に転落した事業はない。かつてはウォーレン・バフェットが言うところの簡単に参入できない「幅の広い堀」がある事業で、地元の広告市場において難攻不落の競争力を誇った新聞社も、今ではグーグルなどのオンライン業者の台頭で広告収入が激減し、大手新聞社はどこも利益が低迷している。過去数年でいくつかの大手新聞系列が破産を宣告し、業界全体の株価もそれを反映して過去八年間だけでも六〇％以上下げている。

ワシントン・ポスト社も、ドナルド・グレアムの下でもちろんこの長期の逆風と戦っている。ただ、それでも同業他社を上回るパフォーマンスを維持しており、出版以外の事業がおおむね好調なおかげで過去八年で失った価値は四〇％に止まっている。

繰り返しになるが、CEOは自分に与えられた手札でプレーするしかない。そして今、ドナルド・グレアムは大手新聞社のCEOとして難しい手を与えられている（しかし、母親が多角化を進めたおかげで、同業他社と比べればかなり良い手ではある）。彼は、母親の方針を守ってそれを同業者よりもかなりうまく使い、厳選した買収を行い、機を見て積極的に自社株買いをし（二〇〇九～二〇一一年で発行済み株数の二〇％を買い戻した）、配当を比較的低く抑えている。

ちなみに、米北東部のもうひとつの新聞社であるニューヨーク・タイムズも、ワシントン・ポスト社と同様に有名上場企業でサルツバーガー家がオーナー経営しているが、同じ時期にインターネットのポータルサイト（アスク・ドット・コム）を不当な高値で買い、マンハッタンのミッドタウンに豪華な本部ビルを建築し……会社の価値の九〇％を失った（二〇一三年八月、ワシントン・ポスト社はアマゾン・ドット・コムのベゾスに売却されることが発表された）。

第6章

公開LBO――ビル・スティーリッツとラルストン・ピュリーナ

「乗り込んだ船が慢性的に浸水していると気づいたときは、浸水部をふさいでまわるよりも、船を乗り換えるほうが生産的だ」――ウォーレン・バフェット

過去五〇年間のほとんどにおいて、キャンベル・スープ、ハインツ、ケロッグなど一般消費財の大手企業は成長が予想でき、不況に強く、配当も安定しているなどの魅力的な特性から、株式市場の優良銘柄のなかでも特に優良だとされてきた。これらの企業は、長年レバレッジをほとんど使わず、安定的に配当し、ほとんど自社株買いをすることもない財務的に保守的な企業の模範とみなされてきた。しかし、これらの企業の多くは一九六〇年代と一九七〇年代になると相乗効果の追求という無謀な流行に乗って積極的に多角化を図り、「垂直統合」というとらえどころのないメリットを求めてレストラン経

営や農業に進出した。

ラルストン・ピュリーナも、この典型に近い企業だった。ラルストンは長い歴史を持つ家畜飼料会社で、一九八〇年代初めにはフォーチュン一〇〇社に名を連ねていた。一九七〇年代にはCEO（最高経営責任者）のハル・ディーンの下で同業他社と同じ道を歩み、昔からの飼料事業で得たキャッシュフローを多角化計画につぎ込んでいった。その結果、同社はキノコや大豆の農場からファストフードチェーンのジャック・イン・ザ・ボックス、アイスホッケーチームのセントルイス・ブルース、コロラド州のキーストーンスキー場まで雑多な事業部門を抱えることになった。ディーンが引退を発表した一九八〇年の時点で、同社の株価は一〇年間変わっていなかった。

この発表のあと、ラルストンの取締役会は後継者を決めるために社内と社外のたくさんの候補者について綿密な調査を行った。このなかには、アメリカでトップクラスの候補者の名前も挙がっていた（のちにCBSのCEOを務めたトム・ワイマンもそのひとりだった）。調査の終盤になって、あまり知られていない候補――長年勤務していたが、社内の候補のなかでもさほど注目されていなかった――が自主的にこの会社に対する戦略を詳しく記したレポートを提出したことで、劇的に評価を上げた。影響力が大きい取締役のメアリー・ウェルズ・ローレンス（広告代理店のウェルズ・リッチ・グリーンの創業者）は、このレポートを読むと「的を射ている」という電報を返した。それから数日後、この候補、ビル・スティーリッツがＣＥＯに決定した。

ビル・スティーリッツの経歴は、本書のほかのＣＥＯとはかなり違う。彼は四七歳でＣＥＯに就任するまで、一七年間ラルストンで働いていた社員だった。この一見平凡な経歴は、彼を効果的、もしくは変革者たらしめる猛烈に独立心が強い性格をそれまでの間覆い隠していた。スティーリッツがＣＥＯに就任した時点で、彼がその後行った根本的な改革がラルストンや一般消費財業界のライバル企業に与えた影響を予想することはできなかった。

スティーリッツの学歴はＣＥＯとしては異例だった。彼はアラスカ大学に入学して一年で学費が底を尽き、四年間海軍に入隊した。彼は海軍時代にポーカーの腕を磨き、それでのちに学費を賄った。海軍を除隊後、彼はノースウェスタン大学で経営学を学んだ。

ＭＢＡ（経営学修士）は修得していない。同僚やウォール街のアナリストからよく「知性派」と呼ばれる彼だが、実は三〇代半ばにセントルイス大学で修士号を修得した学科はヨーロッパ史だった。

スティーリッツは、ノースウエスタン大学を卒業するとピルスベリー・カンパニーに就職し、現場担当者としてミシガン州北部（大口顧客のなかにはインド人居留地の住人もいた）の小売店の棚にコーンフレークを並べていた。スティーリッツは、このときの草の根営業の経験が、流通機構の基本を理解する重要な助けになったと考えている。その後、彼は製品管理の責任者に昇格し、そこで一般消費財（ＣＰＧ）のマーケティングについて幅広い経験を得た。しかし、メディアと広告についてさらに知識を得たいと考えた彼は、二年後にセントルイスにあるガードナー・アドバタイジンズ・エージェンシーに転職した。ガードナーに移ってすぐ、彼はマーケティングの定量的な手法に関心を持ち、サービスを開始したばかりのニールセン視聴率を使って広告宣伝費とマーケットシェアの関係を深く理解した。

一九六四年、彼は三〇歳でラルストン・ピュリーナに転職し、食料雑貨部門（ペットフードとシリアル担当）に配属された。ここは、ラルストンの幅広い事業のなかでも「継子扱い」されてきた部門だった。彼はここで数年働き、昇進を重ねて一九七一年には部長になった。スティーリッツは新製品の導入と生産ラインの拡大を続け、彼の任期中にこの部門の業績は五〇倍という劇的な成長を遂げた。

ペットフード業界で最大の成功を収めたピュリーナパピーとキャットチューの二つは、彼が直接指揮をとって売り出した製品だった。ただ、マーケティング担当者としてのスティーリッツは、非常に分析的で、数字に強く、懐疑的で、とげとげしかった。しかし、このような性格が、ポーカーやＣＥＯの仕事には役に立った。

スティーリッツは一九八一年にＣＥＯに就任すると、すぐに積極的なリストラにとりかかった。彼は、ラルストンの消費材ブランドの高い経済性（資本投資は少なくても利益率は高い）を高く評価しており、まずその周辺事業を再編していった。それと同時に前ＣＥＯの戦略を破棄し、スティーリッツの利益率とリターンの基準に満たない事業を積極的に売却していった。

CEOに就任して最初の数年で、彼はジャック・イン・ザ・ボックス（ファストフードレストランのチェーン）、キノコ農場、ホッケーチームのセントルイス・ブルースなどを売却した。ブルースの売却は、ウォール街や地元の経済界に、ラルストンの新CEOはこれまでとは根本的に違う手法をとるという警告になった。

スティーリッツは、そのほかにも大豆事業、雑多なレストランと食品サービスなどの非中核事業も売却し、ラルストンを純粋なブランド製品の会社に変えていった。これは、バークシャー・ハサウェイを引き継いだばかりのウォーレン・バフェットが収益性の低い繊維事業から資本を引いて、収益性の高い保険やメディア事業に配分していったのとは異なる手法である。

一九八〇年代の初めから、スティーリッツは反対する取締役会を説得して積極的に自社株買い計画に着手した。大手一般消費財会社で自社株買いをしていたのはラルストンだけだったが、これが魅力的なリターンにつながると考えていた彼は、任期を通して自社株買いを資本配分の中心に据えていた。

スティーリッツは最初に売却をひと通り終えると、一九八〇年代半ばに二つの大型買収を行った。これは総額でラルストンの企業価値の三〇％に相当する規模で、資金のほとんどを借入金で調達した。最初に新しく加わったブランドはITTから買い取ったコンチネンタル・ベーキングで、この会社はトゥインキースやワンダーブレッドを製造していた。コンチネンタルは複合企業ITTが所有する唯一の一般消費財企業で、業績が低迷していた。しかし、ラルストンの傘下で販売網が広がり、重複コストを削り、新製品を投入し、キャッシュフローが大きく改善すると、この事業は株主に大きな価値をもたらすようになった。

次に加わったのは、一九八六年にユニオン・カーバイドから一五億ドルで買い取ったエネジャイザー・バッテリー部門だった。これはラルストンの企業価値の二〇%に当たり、彼のそれまでで最大の買収だった。ユニオン・カーバイドは少し前のボパール化学工場事故で莫大な損失を被っており、電池事業は強力なブランドにもかかわらず、非主力部門としておざなりにされていた。ITTと同様、ユニオン・カーバイドも消費財に特化した販売経験がないため、売却を希望していた。スティーリッツにとって成長市場で複占しているのに経営がうまくいっていないという組み合わせは魅力的で、そのような企業ならば割安でなくても競ってでも買おうとした。

コンチネンタルのときと同様に、スティーリッツはすぐにエネジャイザーの製品とマーケティング――エネジャイザーバニーを使った有名な宣伝キャンペーンの制作もそのひとつ――と販路を改善し、過剰なコストを削減した。一連の計画を実行することで、スティーリッツはラルストン変革の第一段階を終えた。一九八〇年代末の時点で、ラルストンの収益に一般消費財が占める割合は九〇％近くになっていた。

この変革は、主要な経営指数にも多大な影響を及ぼした。ラルストンの事業内容がブランド製品中心となったため、税引き前の利益率は九％から一五％に改善し、ＲＯＥ（株主資本利益率）も一五％から二倍以上の三七％になった。そして、ＥＰＳ（一株当たり利益）と株主のリターンも、発行済み株数が減ったこともあって大幅に増えた。

一九八〇年代末まで、スティーリッツはラルストンのブランド事業の最適化に取り組み、事業を厳選して売買していった。リターンが基準を満たさない事業は売却したり閉鎖したりした。売却した事業のなかには、業績が低迷していた食品ブランド（このなかには、買収したものの珍しくうまくいかなかったファン・デ・キャンプの冷凍シーフード部門も含まれていた）や、ラルストン伝来の飼料事業であるピュリーナ・ミルズ（この分野はコモディティー化して、低リターンで成長も頭打ちになっていた）も含まれていた。一方、新たに買収したのは中核となる電池とペットフードのブランドで、特に外国の未開拓市場を狙っていた。これらはすべて株主のリターンを注意深く分析したうえで判断を下していった。

一九九〇年代にも、スティーリッツは機を見て自社株買いを進め、ときどき買収を行い、比較的新しい組織再編方法であるスピンオフを多用してラルストンのブランド・ポートフォリオの合理化を進めていった。スティーリッツは、会社が比較的分権化しているとはいえ、一部の事業は社内やウォール街から相応の評価を得ていないと考えていた。この状況を是正するため、節税も兼ねてまだあまり行われていなかったスピンオフを活用したのである。

スピンオフでは、事業部門が親会社から新しい会社に移される。親会社の株主は、持ち分に応じて新会社の株を受け取り、それは保有しても売却してもよい。重要なのは、スピンオフによって小さな事業部門の価値が注目されて経営者の動機づけになることと、キャピタルゲイン税を繰り延べられることである。

スティーリッツは、一九九四年からこの計画に着手し、一連の小規模ブランド（チェックス・シリアルやスキー場など）をスピンオフしてラルコープという新会社を設立した。彼は新会社の会長も兼任していたが、取締役会は親会社とは別にして二人の共同C

EOを置いた。その後も彼はラルストンのポートフォリオの合理化と最適化を進め、一九九八年には残りの農業事業（急成長する蛋白質工学事業を含めて）をデュポンに史上最高額の株式による売却を行った（ここでもキャピタルゲイン税を回避した）。

彼の最後でそれまでよりもはるかに大きい改革は、二〇〇〇年にエナジャイザー・ホールディングスをスピンオフしたことで、当時この部門にはラルストン全体の一五％の価値があった。これらのスピンオフ企業は、どれも独立した企業として素晴らしいパフォーマンスを上げている（ラルコープは、最初は無視されていた資産の寄せ集めだったが、今日では五〇億ドルの企業価値がある）。

この一連の改革によって、ラルストンはアメリカ市場で圧倒的なシェアを持つペットフード専門の会社として二〇〇〇年を迎えた。その後もスティーリッツはラルストンを戦略的な買い手にとって主力のペットフードブランドがより魅力的な会社になるよう非主力事業を切り離していった結果、二〇〇一年にスイスの巨大企業ネスレから買収の打診を受けた。そして、長い話し合いの末（もちろんスティーリッツが自ら交渉に臨んだ）、ネスレは一〇四億ドルという巨額でラルストンの買収に合意した。ちなみに、この額は、ラルストンのキャッシュフローの一四倍という驚くべき高値だった。この取引は、ステ

図6.1　ラルストン・ピュリーナに１ドルを投資した結果

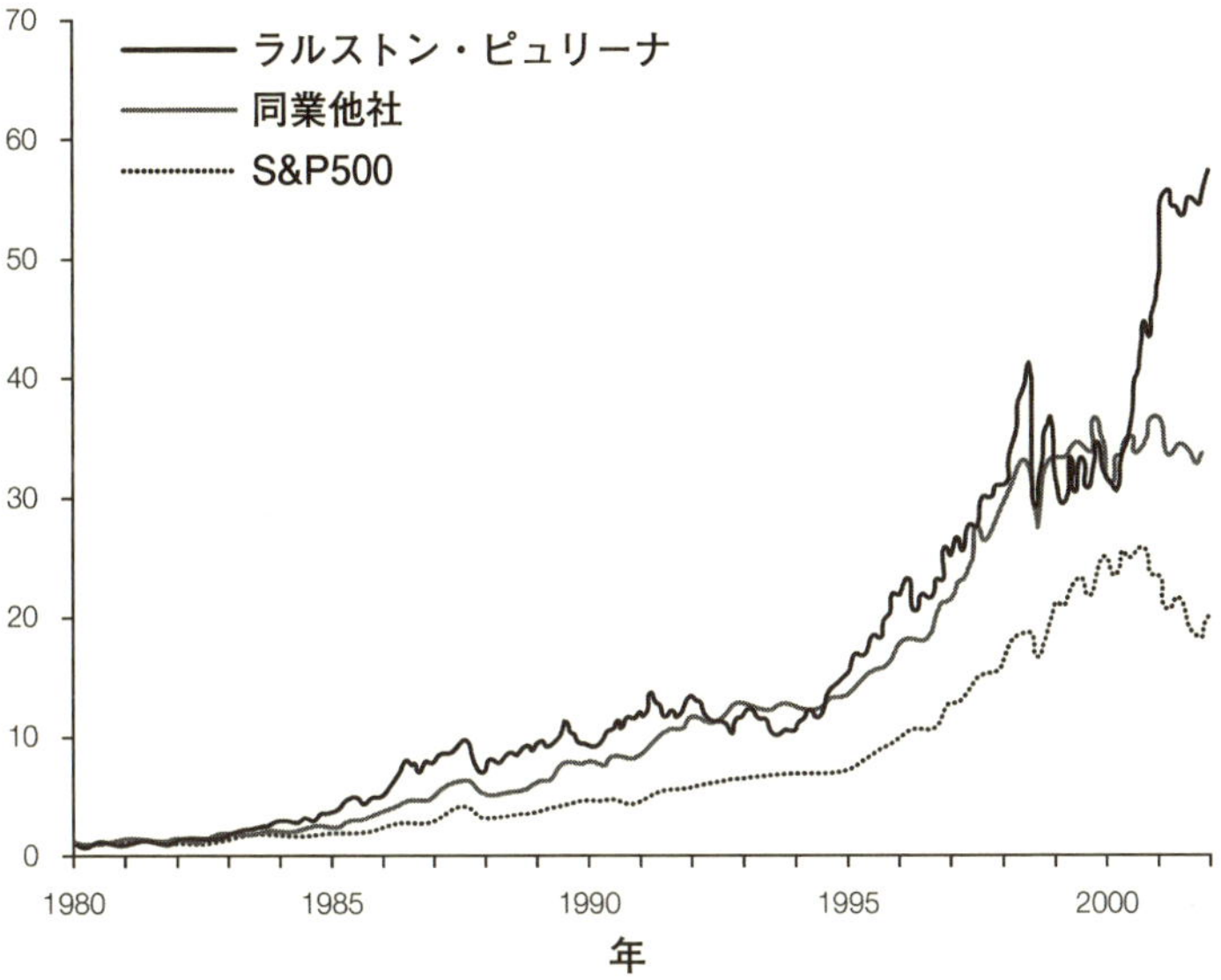

イーリッツのＣＥＯとしてのクライマックスとなった。

彼の任期中は、同業他社もみんな素晴らしいリターンを上げていたが、スティーリッツの数字は飛び抜けていた。彼がＣＥＯを務めた一九年間で、スティーリッツはラルストンを合理化された一般消費財企業に改革し、株価を大幅に上昇させた。**図6.1**が示すとおり、彼がＣＥＯに就任したときに一ドルを投資していれば、一九年後にはそれが五七ドルに増えていたことになる。

これは二〇・〇％（年率複利）のリターンに当たり、同業他社の一七・七％やS&P五〇〇の一四・七％を大きく上回っている。

経営のポイント

尊敬を集めるレッグ・メーソンの投資家マイケル・モーブッシンは、一九八〇年代半ばにドレクセル・バーナムで初めてリサーチを担当したのがスティーリッツとラルストン・ピュリーナだった。彼は、ラルストンの型破りなCEOに魅了され、メンターだったアラン・グレディターの下でこの会社に関する総合的な調査報告書を作成した。ちなみに、グレディターはスティーリッツが尊敬する数少ないウォール街のアナリストだった。モーブッシンはグレディターの指導の下、スティーリッツの独自の資産配分の手法を評価するようになった。

私がモーブッシンにスティーリッツとほかの経営者の違いを簡単に教えてほしいと言うと、「効率的な資本配分です。……これは特定の性格でなければできません。成功するためには、偏見を持たず、確率を重視し、冷静な投資家のように考えなければならないからです。スティーリッツは、そのような思考ができました」（注1）という答えが返ってきた。

スティーリッツ自身は資産配分をポーカーになぞらえて考えていた。どちらも、勝率を計算し、相手の性格を読み、勝率が圧倒的に良いときは大きく賭けることができるスキルが重要だというのである。また、彼は積極的に買収を進めたが、成熟期を迎えた事業やウォール街の評価が低い事業は躊躇なく売却やスピンオフも行った。

ゴールドマン・サックスで長年アナリストを務めたナオミ・ゲッツによれば、食品業界は伝統的に非常に利益率が高く、予想がしやすく、全般的に成長率が低いという特徴があるという。上場企業のＣＥＯのなかで、スティーリッツだけがこの特性を見抜き、株主の価値を最大にするための新しい手法を考えついた。実際、彼は積極的にレバレッジを使ってＲＯＥを大きく改善し、利益率が低い事業を削り、主力事業に関連する会社を買収し、積極的に自社株買いをすることで会社の基本的な枠組みを変えていった。その過程で、彼はコールバーグ・クラビス・ロバーツ（ＫＫＲ）などの未公開株投資会社の草分け的企業のテクニック――業績が低迷する一般消費財会社（ベアトリス・フードやのちのＲＪＲナビスコなど）に標的を定めた初期の大型ＬＢＯ（対象企業の資産を担保とした借入金による買収。レバレッジドバイアウト）を仕掛けるなど――も取り入れていた（実際、スティーリッツはベアトリスやＲＪＲの入札に参加したが負けている。ジレットやゲータレードの入札も失敗に終わった）。

スティーリッツの任期中、ラルストンの最大の資金源は社内のキャッシュフローと借り入れ、そして初期のころは資産の売却益だった。スティーリッツがＣＥＯの間、事業キャッシュフローは大きな資金源で、しかも増え続けていた。また、彼の下でブランド製品の強化と事業が分権化されて組織が引き締まったことで、利益率も安定的に改善していた。ネスレに売却されたとき、ラルストンは一般消費財業界で最も高い利益率を誇っていた。

スティーリッツは、一般消費財業界のＣＥＯとしては、借入金を使う先駆者だった。これは長年、特別保守的な財務管理を行ってきた業界では異例だった。しかし、彼にはレバレッジを賢く使えば株主のリターンを大きく改善できることが分かっていた。そして、キャッシュフローが予測しやすい事業は借入金を使って株主リターンを上げることができると考え、積極的にレバレッジを使って調達した資金で自社株買いをしたり、買収を行ったりしていった。このなかには、エネジャイザーやコンチネンタルの買収も含まれている。ラルストンの負債キャッシュフロー比率は、彼の任期中、業界内で常に高水準にあった（図6.2）。

スティーリッツの子会社の売却方法は、時とともに進化していった。彼は最初、彼の利益率やリターンの基準に満たないキノコ農場やホッケーチームのような非主力事業を売却しており、この売却益はスティーリッツがCEOに就任したばかりのころはラルストンにとって重要な資金源だった。その意味では、同社伝来の食品事業を含め、売却対象に聖域はなかった。モーブッシンは、「スティーリッツは事業の価値を知っており、資産を適正価格で売却することができました」と褒めていた（注2）。このころ、スティーリッツは非中核事業を最高値で売却することと、資本を高リターンが得られる一般消費財のブランド事業（エネジャイザーやコンチネンタル・ベーキングなど）に投入することに集中していた。

そのあと、スティーリッツは資産売却における節税対策も考慮するようになり、前述

図6.2　ラルストンの負債の水準は同業他社よりも常に高かった

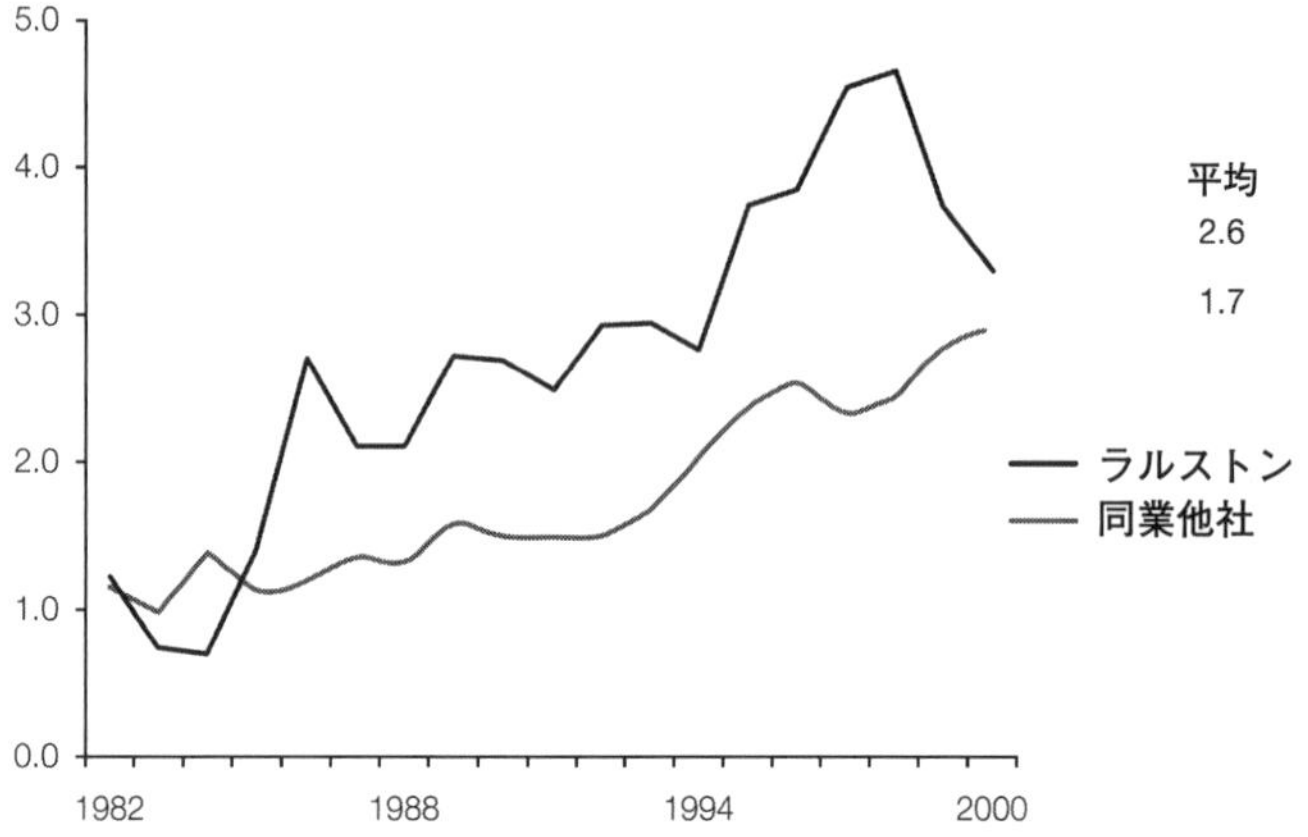

1982 ～ 2000 年にかけた負債 EBITDA 比率

出所＝証券価格調査センター（CRSP）、社内資料
注＝負債EBITDA比率は、EBITDA÷（支払手形＋長期負債の１年以内の返済額＋長期負債）で算出

のとおりスピンオフを使うようになっていった。彼は、スピンオフによって起業家的なエネルギーや創造力を解放すると同時に、キャピタルゲイン税も繰り延べることができると考えていた。また、彼は最初から分権を進めるべきだと考えており、官僚的な階層を排除し、責任と裁量権をひとにぎりの結束の固い幹部たちに与えようとした。スピンオフはこの方針をさらに進めた「究極の分権化」で、幹部

や株主に透明化と裁量権を提供し、複合企業の親会社の大きな枠組みのなかにいるよりも直接業績を報酬に反映できると思っていた。

スティーリッツは、売却も非常に機敏だった。一九八〇年代初めのCEO就任直後に立て続けに売却を行ったあとは、わずか二回しか売却していないが、二件とも高額な取引だった。ひとつはデュポンに高額で売却した蛋白質関連の事業で、スティーリッツは株式交換によって、キャピタルゲイン税を繰り延べた。そして、もうひとつはネスレへの売却で、これは前述のとおり一〇〇億ドルという記録的な金額の取引となった。ただ、今日、スティーリッツはこれが魅力的な価格だったことは認めているが、ネスレの強力な実績と株主にかかったキャピタルゲイン税を考えれば株式交換を選んでおくべきだったと後悔している。

毎年発生する債務返済と社内の設備投資と（最低限の）配当金の支払いを別にすれば、スティーリッツは現金のほとんどを自社株買いと買収に使っていた。これらを極めて慎重に機を見ながら行っていたのだ。

スティーリッツは、一般消費財業界で自社株買いを始めた先駆者だった。一九八〇年代初めに彼が自社株買いを始めたとき、これはまだ型破りで異論が多かった。取締役に「なぜ会社を縮小しようとするのか。有望な成長戦略はないのかね」と責められたこともあった。しかし、スティーリッツは、自社株買いが最も高勝率の投資先だと考えており、取締役会を説得して支持を取りつけると、積極的に自社株買いを進めていった。そして、のちにはなんと六〇％も自社株買いを行った。この割合は本書のCEOのなかではヘンリー・シングルトンに次いで大きい割合である。そして、自社株買いによって内部収益の長期平均は一三％という素晴らしいリターンを生み出した。

また、買収に関しては節約志向で、大型入札で株価がつり上がるよりも機を見て市場で買うことを好んだ。そして、常にＰＥＲ（株価収益率）が周期的な安値を付けたときに買収を行った（そのうえ、ブローカーと直接交渉し、自社株買いの手数料を下げさせたこともあった）。

スティーリッツは、自社株買いのリターンがほかの資本投資、特に買収を判断するときの基準になると考えていた。長年彼の補佐役を務めたパット・モケイヒーによれば、

「投資判断には、常に自社株買いのリターンというハードルが使われました。もし、買収によってある程度の精度でこのリターンを上回ることができそうならば、それは実行する価値があると判断されました」（注3）。反対に、もし買収候補の推定リターンが自社株買いのリターンをある程度上回らなければ、スティーリッツはそれを見送った。

スティーリッツは、買収を行うときには常にエッジを探し、ラルストンのマーケティング力と販売網を使って業績を改善できる事業に狙いを定めた。つまり、前の所有者の運営がうまくいっていない会社を探していた。彼が行った最大の買収であるコンチネンタル・ベーキングとエネジャイザーも巨大複合企業のなかの小さくて軽視された部門だった。この二社からの長期リターンは素晴らしく、エネジャイザーは保有していた一四年間で二一％、コンチネンタルは一一年間で一三％のリターンを生み出した（年率複利）。

スティーリッツは、競争相手との競り合いをできるだけ避け、売り手と直接交渉しようとした。コンチネンタル・ベーキングのときは、ＩＴＴのランド・アラスコグ会長に直接手紙を書き、競り合いを回避した。

スティーリッツは、控えめに見ても魅力的なリターンを生みそうな会社のみを買うべきだと考えていた。彼は、詳細な金融モデルなど当てにせず、いくつかの重要な変数――市場成長率、競争、業務改善が可能か、そしてもちろん現金を生み出すか――のみを考慮して判断を下していた。彼によれば「私はいくつかの重要な想定のみに注目して判断を下していました。まず調べるのは、市場の潜在的なトレンドの成長率と競争状況です」（注4）。

彼の忠実な部下で、のちにCEOを務めるパット・モケイヒーは、エネジャイザーを買収したときのスティーリッツの独特な手法について、「エネジャイザー買収の話が出たとき、午後一時に何人かで売り手の帳簿を調べました。そして、簡単なLBOを考え、午後四時にもう一度集まって一四億ドルで入札することに決めました。それだけです。私たちは、どこに集中すべきかが分かっており、膨大な分析や銀行家は必要ありませんでした」（注5）。ここでも、スティーリッツの手法は四〇ページに及ぶ予想の数値ではなく、一枚の紙にカギとなる前提条件を記しただけでこと足りた。そして、これはトム・マーフィー、ジョン・マローン、キャサリン・グレアムなどの手法とよく似ている。

スティーリッツは、一般消費財業界であまり使われていなかったＬＢＯを導入するなど、意識的に未公開株投資会社のような考え方を取り入れていた。彼の経営に関する世界観をモケイヒーがうまくまとめている。「スティーリッツは、ラルストンをＬＢＯのような手法で運営していました。彼は、強力かつ予想可能なキャッシュフローがあるかぎり、レバレッジを多用して株主に利益をもたらすことができることを早い時期から見抜いていたひとりでした。……彼は、現金が流出する事業はそれまでの経緯と関係なく切り捨て、……大量に自社株買いをすることで既存の強力な事業に大きく投資し、私たちの基準を満たす企業が見つかればそれを買収していました」（注6）

スティーリッツは、一般消費財の専門的なマーケティングと金融的な洞察の両方の能力を併せ持つ珍しい経営者だった。彼は当時のウォール街が報告利益や純資産額などの伝統的な会計基準を無視して、ＥＢＩＴＤＡ（利払い・税金・償却前利益）やＩＲＲ（内部収益率）など創生期の未公開株業界で共通語になりつつあった最新の基準に注目していた。なかでも、純資産額の数字には意味がないと考えており、珍しく業界の会合に出席したときに「当社にとって純資産額は何の意味もありません」と断言した。ベテランアナリストのジョン・ビアブスによれば、このとき、会場はしぃーんとしてしまったという。モーブッシンも、「純資産額やEPSやそれ以外の数値を重視するこれまでの標準的な会計基準が必ずしも財務の実態を表しているわけではないということを認めるのは勇気がいります」**（注7）**と言いそえた。

スティーリッツは独立心が強く、外部からの助言はまったく受け入れなかった。彼は、CEOの資質としてカリスマ性は過大評価されていると考えていた。必要なのは分析力と独立的思考で、「それがなければ、CEOは銀行とCFO（最高財務責任者）の言いなりです」。彼は、多くのCEOがこのような分析力が必要ない部門（法務、マーケティング、製造、販売など）の出身だということを理解していた。しかしそのうえで、この能力がなければCEOとしては非常に不利だと考えていた。彼の信念は単純で、「リーダーシップとは分析力です」。

この独立的思考は、ときには外部顧問の意見を信頼しないことにもつながった。特に投資銀行については、かつて「寄生虫」と呼んだこともある。彼は顧問を正確に使い分け――できるだけ少なく、常に目的を明確にして――顧問料を積極的に交渉し、数十億ドル規模のネスレの案件では銀行の手数料が高いと思えば交渉を中断した。彼は、銀行がラルストンとの関係にある程度の緊張感を保つようにするため、案件ごとに銀行を使い分けていた。

彼は、重要なデューデリジェンスや交渉の場にひとりで現れることでも知られており、会議室の机の反対側にはたくさんの銀行家や弁護士が並んでいるということもよくあった。彼はこのような異端的な手法を楽しんでいた。若いころに、ゴールドマン・サックスでＲＪＲナビスコの案件にかかわっていた担当者は、夜遅く同社で行われていたデューデリジェンスの会議にスティーリッツがレポートパッド一冊だけ持ってひとりで現れ、その場で重要な業務内容をひとつひとつ確認し、その日のうちに入札額を決めたときのことを話してくれた。彼は投資の過程を積極的に楽しんでおり、ラルストンを売却したあとは主に自己資金を投資するパートナーシップで精力的に投資を続けた。

スティーリッツは、注意深く自分の時間を確保し、公共の場や、時間がかかる取締役会や、気乗りしない会食などは「ほとんどが時間の無駄」だと言って避けていた。彼自身も、「これらのことに時間を取られすぎていると感じるようになり、すべてやめることにしました」と言っている。ただ、ほかの会社の取締役会は、新しい状況や考えに触れる貴重な機会として、時間を作って参加していた。

彼は、新しい考えを、その出所に関係なくどんどん吸収していった。この業界のアナリストを長年務めたジョン・マクミランは以前、「自分で革新的なアイデアを出す人と、他人のアイデアを取り入れる人がいます。スティーリッツはその両方でした」（注8）と称賛した。スティーリッツは、フロリダの海岸でも本社の自分の部屋でも意図的に一定の時間を確保し、ひとりでだれにも邪魔させずに会社の重要問題について熟考することがあった。

また、時間がかかるウォール街との付き合いも避けていた。アナリストのビアブスいわく、「彼は公の場を避け、アナリストともめったに話をしないし、投資家会議にはほとんど出席せず、四半期報告書も発行しませんでした」（注９）。

一九九〇年代半ばから末にかけた時期には、スティーリッツの異端的な手法が普通になり、同業他社のほとんどがスティーリッツの戦略と似た手法を導入していた――非主力事業の売却、自社株買い、主力商品を補完する事業の買収など。そして二〇〇一年、彼の戦略が業界で受け入れられて一般消費財業界のＰＥＲが史上最高になると、スティーリッツは突然路線を変更してラルストンを史上最高額でネスレに売却し、同業他社を再び困惑させた。

最近の事例――サラ・リー

スティーリッツがラルストンのＣＥＯに就いてから三〇年以上たった今日でも、同業他社は彼の手法を用いている。一般消費財会社がスティーリッツの足跡をたどった直近のケースで、もしかしたら最後の追従社かもしれないのがサラ・リーである。同社は過去五年間、ＣＥＯのブレンダ・バーンズとマーセル・スミッツの下で非主力部門を売却し、一三％の自社株買いをし、負債を比較的高い割合で維持し、同業他社よりもはるかに高いリターンを株主に提供してきた。本書執筆時点で、サラ・リーは未公開株投資会社が共同で同社を相当のプレミアム価格で買収するという提案を却下したばかりである。それどころか、同社は利益率が高いコーヒー・紅茶事業をスピンオフして、相当額の一時配当金を支払うと発表した。どこかで聞いた話ではないだろうか。

第7章

同族会社の最適化――ディック・スミスとゼネラル・シネマ

「本当に才能あふれる人たちは、少人数でも驚くほどの富を生み出すことができます」――デビッド・ワーゴ（パトナム・インベストメント）

一九六二年、フィリップ・スミスが心臓発作で急死した。彼は一九〇八年にロシアからボストンに渡り、さまざまな臨時雇いを経て、創成期の小劇場に行きついた。彼は、最初は案内係として働き始め、切符切りに昇進し、ボストン市内の映画館の総支配人を任されるようになった。そして、アル・ジョルソン主演の最初のトーキー映画が公開される五年前の一九二二年、スミスは友人や家族から借りた資金でボストンのノースエンドに映画館を作った。

それから四〇年間、スミスは映画館のチェーンをニューイングランド地方から中西部まで広げて大成功を収めた。彼は、ドライブイン映画館の先駆者で、経験豊富な事業者として評判を高めていった。四〇周年を目前に控えた一九六一年、彼は新たなドライブイン映画館を建設するため、株式を公開した。ところが、その翌年に六二歳で急死してしまったため、急きょ息子のディックがゼネラル・ドライブイン（当時の社名）のCEO（最高経営責任者）に就任した。三七歳だった。

それから四三年、この平凡な映画館のチェーンで、新参者のCEOがさらに大きなマーケットを手に入れ、マーケット全般とジャック・ウェルチを大きく上回るS&P五〇〇の一五・九倍という驚くべき累積パフォーマンスを上げた。しかも、ディック・スミスはこれを創業者一族が支配する上場会社として成し遂げた。彼は、この会社を未公開会社のように運営し、独特の忍耐力を持って社内のキャッシュフローを成熟したドライブイン事業からショッピングモールに移し、その後はさまざまな事業を展開していった。

スミスは、長い期間何もしないこともあれば、ときどき大きな取引をすることもあった。彼は任期中に三件——一九六〇年代末と、一九八〇年代半ばと、一九九〇年代初め——の大型買収を行った。この三件は、ソフトドリンクの瓶詰め（アメリカン・ビバレッジ・カンパニー）、小売り（カーター・ホーリー・ヘール）、出版（ハーコート・ブレース・ジョバノビッチ)というまったく関連のない事業だった。この一連の取引が、地方のドライブイン映画館の会社を桁外れの成功を収めた消費財の複合企業へと転換させた。

ビジネスの世界には、自分の業種以外の事業を買って失敗した企業が至るところにある。このような多角化のための買収は、非常に難しいことで知られているが（例えば、タイム・ワーナーとAOLのケース）、スミスはほとんど経験がないまま会社を相続したにもかかわらず、その達人になった。彼のゼネラル・シネマのCEO時代は、大幅な改革の連続だった。また、彼の経営には、素晴らしいタイミングで撤退したエピソードもたくさんある——一九八〇年代末、二〇〇三年、二〇〇六年。多角化と売却によって拡大と縮小を繰り返すアコーデオンのようなパターンは非常に珍しいが（ヘンリー・シングルトンのテレダインには似ている）、それがゼネラル・シネマの株主には大きな恩恵をもたらした。

ディック・スミスは、一九二四年にマサチューセッツ州ニュートンで生まれた。彼は結束が固い四人家族の長男で、小さいころから週末や学校が休みのときは家業を手伝っていた。ケンブリッジにある私立高校からハーバード大学に進み、工学を専攻して一九四六年に卒業した。第二次世界大戦中は海軍でエンジニアとして働き、戦後も家業を継ぎたくないためMBA（経営学修士）は修得しなかった。しかし、一九五六年に父親が三二歳のスミスをフルタイムのパートナーに指名した。

父親が亡くなると、スミスは積極的に映画館を郊外のショッピングモールに広げていった。このことに関しては、彼が間違いなく先駆者である。スミスは、郊外の映画館が人口動態という強力かつ根本的なトレンドの恩恵を得ることができることにこの業界で最初に気づいた経営者で、その機会をとらえるために二つの革命的な手法を考え出した。

一つ目は新しい映画館を建てるときの資金に関する改革である。それまで映画館を建設するには敷地の所有者であることが重要で、そうすれば長期間この資産を管理できるため、融資を受けやすかった。しかし、スミスは立地さえ良ければ、キャッシュフローは予想可能で、初期投資を素早く回収できることに気づいた。そこで、初めてリースファイナンスを使って新しい映画館を建設し、先行投資額を劇的に削減した。この改革によって、スミスはゼネラル・シネマの映画館を最低限の資本投資で急速に広げていった。

二つ目の改革は、一つの映画館に複数のスクリーンを設置し、たくさんの観客を引き付けて、利益率が高い売店を最大限活用したことである。この二つの改革によって、ゼネラル・シネマは一九六〇年代から一九七〇年代初めにかけて新しい映画館への投資で並外れたリターンを上げた。しかし、一九六〇年代末になると、スミスは映画館の成長率が永遠には続かないことに気づき、長期的な利益が見込める新しい事業への多角化に取り掛かった。

スミスにとって変革の始まりとなった買収は、一九六八年に買ったオハイオ州のアメリカン・ビバレッジ・カンパニー（ABC）だった。この会社はペプシの独立系ボトラーのなかで最大の会社である。スミスは、映画館の売店にかかわっていた関係で飲料事業の知識があり、ABCが売却されるかもしれないと聞いて素早く行動を起こした。ただ、彼自身が行ったこの交渉は非常に好条件だったが（キャッシュフローの五倍という魅力的な価格）、規模が大きかった（ゼネラル・シネマの企業価値の二〇％以上）。そこでスミスは、不動産の専門知識を駆使してABCの製造施設をセール・アンド・リースバックの形で運用するという創造的な方法を考えた（彼は今でもこの解決方法に満足している)。
それまでずっと映画館という物理的な施設を伴う事業を経営してきたスミスにとって、ABCは初めての無形資産(飲料のブランド)の価値を使った事業だった。彼は、ブランド飲料という寡占状態で資本収益率が非常に高く、長期的な成長が見込めるこの事業が気に入った。それに、ペプシボトラー系列が流動的なことも良かった。コーク系列は少数の大規模な独立系ボトラーが支配していたのに対し、ペプシ系列は細分化され、二代目や三代目のオーナーも多く、彼らは常に売却する可能性を秘めていた。また、ペプシは第二位のブランドなので、フランチャイズの価格もコークよりも安いことが多かった。

スミスは、ABCを買うことで合法的なプラットフォーム会社――ほかの会社を簡単かつ効率的に追加できる会社――を手に入れた。彼は、ABCの規模のメリットが拡大すれば、売り手のキャッシュフロー倍率が一見高くても、経費削減と節税とマーケティングの専門性を駆使することで、実質的な倍率を下げられることに目をつけた。そして、この洞察に基づいて積極的にほかのフランチャイズを買収していった。このなかには、アメリカンペプシ(一九七三年)、ペプシ・コーラ・ボトリング・カンパニー(一九七七年）、ワシントンDCのフランチャイズ（一九七七年）などが含まれていた。

　スミスと彼のチームは、映画館事業のときと同様に、ここでも革新的なマーケティングと効率的な事業運営を行った。ABCでは常にコスト削減が可能なところを探すと同時に、規模を生かして缶と砂糖を国際市場から直接買い付けて親会社が得ていた利ザヤがかからないようにした。その結果、ABCは業界トップクラスの利益率を誇るようになった。また、ペプシのフランチャイズに加えて、ほかの飲料フランチャイズ（セブンアップやドクターペッパー）も買収し、一九七六年には、サンキスト・グローワーズ（アメリカ最大の柑橘類生産者販売協同組合）と提携してサンキスト・オレンジ・ソーダを開発し、自社の販売網を使って売り出した。ABCはサンキストの立ち上げに二〇〇〇万ドルを投資したが、一九八四年にカナダドライに八七〇〇万ドルで売却して桁外れの投資利益を上げた。

　飲料事業が軌道に乗ると、スミスはゼネラル・シネマというスツールの「三本目の足」となる新しい事業を探し始めた。そして、一九七〇年代末から一九八〇年代初めにかけて小規模なテレビ局やラジオ局を数社買収した。ただ、スミスは放送業界関連の買収についてはキャッシュフローの一〇倍以上はけっして支払わないという規律を守っていた。

それによって、メディア企業に対する小規模の投資は非常に高いリターンをもたらしたが、ゼネラル・シネマが大手プレーヤーになることもなかった。長年この会社に投資しているパトナム・インベストメントのボブ・ベックは、このことについて「チャンスを逸したケース」（注1）だと言っている。

時が流れ、スミスの買収方法も進化していった。一九八〇年代初め以降、スミスと彼のチームは大型買収か、彼が割安だと思った上場会社に投資して少数株主になるチャンスを探した。後者は、スミスが「関与する投資」と名づけた戦略に基づいた多角化で、ある程度の株数を保有する少数株主として取締役会に参加し、経営陣と協力して運営を改善してその会社の価値を高めることを目指していた。

スミスは、一九八〇年代前半に三つの「関与する投資」にかかわっていた――コロンビア・ピクチャーズ、ヒューブライン、キャドバリー・シュウェップス。しかし、コロンビア以外は、経営陣がゼネラル・シネマの敵対的な関与を疑って取締役会入りを拒否したため、スミスは一～二年でこれらの株を売却した。このときも、高い投資のリターンが得られたが、多角化という大きな目的は達成できなかった。しかし、一九八五年四月、モルガンスタンレーのエリック・グリーチャーが「三本目の足」の候補を打診するためにＣＦＯ（最高財務責任者）のウディ・アイブスに電話を掛けたことで、状況が急変した。

グリーチャーの用件は、カーター・ホーリー・ヘール（ＣＨＨ）への出資に関することだった。この会社は、上場している小売りの複合企業で、デパートや専門店のチェーンを多数所有していた。しかし、少し前にザ・リミテッドのＣＥＯのレズリー・ウェクスナーに敵対的買収を仕掛けられたため、ＣＨＨはグリーチャーを雇って「ホワイトナイト」（相当数の株を買って敵対的買収を阻止してくれる友好的な投資家）を探していた。

アイブスは、最初はグリーチャーの説明を冷静に聞いていたが、話を聞くうちにこれは素晴らしいチャンスかもしれないと思い始めた。残された時間は不可能に近いほど短かったが（次の火曜日までに返事をしなければならない）、この厳しい日程で買うのならばかなり有利な交渉ができるだろうとも考えた。彼は電話を切ると、ディック・スミスやほかの最高幹部と話をした。そして午後五時には、ＣＨＨの本社があるロサンゼルス行きの飛行機のなかにいた。

　彼らは週末を集中的なデューデリジェンスと交渉に費やし、日曜日の夜には合意に達した。そして、月曜日（愛国者の日、マサチューセッツ州の祝日で、ボストンは銀行休業日）に急きょ銀行三行によるシンジケートローンを組成し、木曜日（グリーチャーの最初の電話から一週間と一日後）には契約が成立した。このような驚くべき速さで契約を終結させることができたのは、スミスと経営陣がそれまでの買収で条件や過程を洗練させてきたからだった。これほど大きな案件で、これほど素早く動くことができる上場会社はあまりない。

　CHHへの投資は、スミスが機を見て動き、条件が整っていれば大きな賭けに出る意欲があるということを示す好例と言える。この案件は規模が大きく（ゼネラル・シネマの企業価値の四〇％以上）、複雑だった。しかし、非常に魅力的でもあった。アイブスが取り決めた優先株は、ゼネラル・シネマに一〇％のリターンを保証するもので、もし事業がうまくいけば優先株を普通株の四〇％に転換でき、固定額のオプションでCHHの一〇〇％子会社のウォルデンブックスの株を買うこともできた。アイブスは、このときのことを「その日のうちに全額課税控除の借り入れを六～七％で行い、税制面で優遇措置がある一〇％の利益に加えて転換オプション（のちにこれを使ってニーマン・マーカスを本社から分離した）とウォルデンブックスを買うオプションも手に入れていました」（注2）。なかなかの週末である。

のちに、ゼネラル・シネマは保有していたCHHの四〇％の株式を、同社の専門店部門の株と交換し、六〇％の支配権を握った。この部門の主な資産がニーマン・マーカス（デパート）のチェーンだった。CHHへの投資の長期リターンは、五一・二％という驚くべき高さになった。CHHへの出資によって、ゼネラル・シネマは小売り事業に確実な足場を築くことができた。この新しい事業は、素晴らしい成長率が見込めたうえに、飲料や映画館の事業との相関性がなかった。

一九八〇年代末になると、スミスは二つの問題が起こりつつあることに気がついた。再び活気を取り戻したコークがペプシの市場に攻勢をかけてきたことと、飲料フランチャイズ業界の経済性が評価されるようになってフランチャイズの価格が上昇したことでである。これに対して、彼は不本意ながらも事業の売却を決意し、一九八九年にはＡＢＣを史上最高値でペプシ本体に売却した。ゼネラル・シネマには一〇億ドルの売却益が入り、スミスは再び多角化のための買収を模索し始めた。

そして、それはすぐに見つかった。一八カ月間の紆余曲折を経て、一九九一年にスミスは彼が行った最大かつ最後の買収となった出版社のハーコート・ブレース・ジョバノビッチ（ＨＢＪ）を買ったのである。この、ゼネラル・シネマの三本目の足を獲得するまでには、複雑な競り合いがあった。ＨＢＪは教育と科学の分野を牽引する出版社で、試験実施会社と転職斡旋会社も所有していた。一九六〇年代半ば以降、この会社は絶対的な権力を持つＣＥＯのウィリアム・ジョバノビッチが経営していた。しかし、一九八六年にイギリスのメディア王のロバート・マックスウェルに敵対的買収を仕掛けられたため、ジョバノビッチは負債を大幅に増やし、遊園地事業を売却し、高額の株主配当を行った。

一連の動きによってマックスウェルの買収は阻止したが、あとには持続不可能な負債が残った。そして、契約の手違いで返済が遅れて株価がディスカウントに陥ると、複数のハゲタカ投資家（アポロ・インベストメントのレオン・ブラックもそのひとり）が同社の複雑に階層をなす債務証券を買い始めた。

　事業が停滞し始めるとウィリアム・ジョバノビッチは引退し、長年ＨＢＪの幹部だった息子のピーターがそのあとを継いだ。一九九〇年代後半、同社はスミス・バーニーを介して売却を模索し始めた。一方、ゼネラル・シネマでは、幹部がＨＢＪの複雑な資本構成の分析に取り掛かっていた。そして、この会社がゼネラル・シネマの買収条件に適合するという結論に達したため、通常は避けたい入札方式だったが、積極的に競うことにした。

　また、スミスたちはＨＢＪの複雑に入り組んだ貸借対照表（投資銀行家のシーザー・スワイツァーの言葉を借りれば、「企業金融のクラスで飛び級ができるレベル」）はほかの買い手を退け、彼らのような機敏で資本がしっかりした独立系の買い手には魅力的な価格で合意する余地があると考えた（注３）。ＨＢＪの大勢の債権者との広範囲に及ぶ交渉の末に、スミスはこの会社を一五億六〇〇〇万ドルで買収することに合意した。この金額は、ゼネラル・シネマの当時の企業価値の六二％に当たる巨大な賭けだった。しかし、これはＨＢＪの中核である出版事業のキャッシュフローの六倍で、同規模の案件よりも魅力的な価格でもあった（スミスは、のちにこれらの事業をキャッシュフローの

表7.1　ゼネラル・シネマによるハーコート・ブレース・ジョバノビッチの買収に関する財務データ

	最初の提示額	最終提示額
	14.6 億ドル	15.6 億ドル
HBJ 普通株	1.30 ドル（現金）	GC 株 0.75 ドル分
HBJ 優先株	1.30 ドル（現金）	GC 株 0.75 ドル分
HBJ 優先債権	額面の 93%	額面の 100%
HBJ 上位劣後債	77%	91%
HBJ 劣後債	45%	47.5%
HBJ ゼロクーポン債	32.4%	40.975%
HBJ 現物支給証券	40%	47%

出所＝ゼネラル・シネマ、ハーコート・ブレース・ジョバノビッチの共同委任状、32、40、46～47ページ

一一倍で売却した）。**表7.1**は、このときの買収金額の概要で、これを見ればこの取引の複雑さと関係者の多さが分かるだろう。

ＨＢＪの買収が完了したあと、一九九一年にゼネラル・シネマは成熟した映画館事業をＧＣカンパニース（ＧＣＣ）という独立した上場会社にスピンオフして、規模の大きい小売り事業と出版事業に集中することにした。スミスと経営陣は、次の一〇年間はこの二つの事業の運営を続けた。そして二〇〇三年、スミスはＨＢＪの出版事業をリード・エルゼビアに売却

し、二〇〇六年にはゼネラル・シネマの事業ポートフォリオに最後に残ったニーマン・マーカスを未公開株投資会社のコンソーシアムに売却した。どちらの取引も、それぞれの業界の最高額を記録し、スミスとゼネラル・シネマの株主にとっては素晴らしい総仕上げとなった。

スミスは、父親の死によって思いがけずＣＥＯに就任することになったが、四三年間の任期中に目覚ましい実績を残した（図7.1）。この間、株主が受け取った年間リターンは一六・一％（年率複利）にも上り、Ｓ＆Ｐ五〇〇の九％と同期間のＧＥの九・八％をはるかに上回っている。もし、ディック・スミスがＣＥＯに就任した一九六二年に一ドルを投資していれば、それが六八四ドルに増えていたのである。ちなみに、Ｓ＆Ｐ五〇〇とＧＥに同じ投資をしていれば、結果はそれぞれ四三ドルと六〇ドルにしかなっていない。

経営のポイント

スミスは、ゼネラル・シネマの事業を運営するための独特の手法を発展させていった。

図7.1　ゼネラル・シネマの株主リターンはS&P500と比較対象のリターンを大きく超えていた

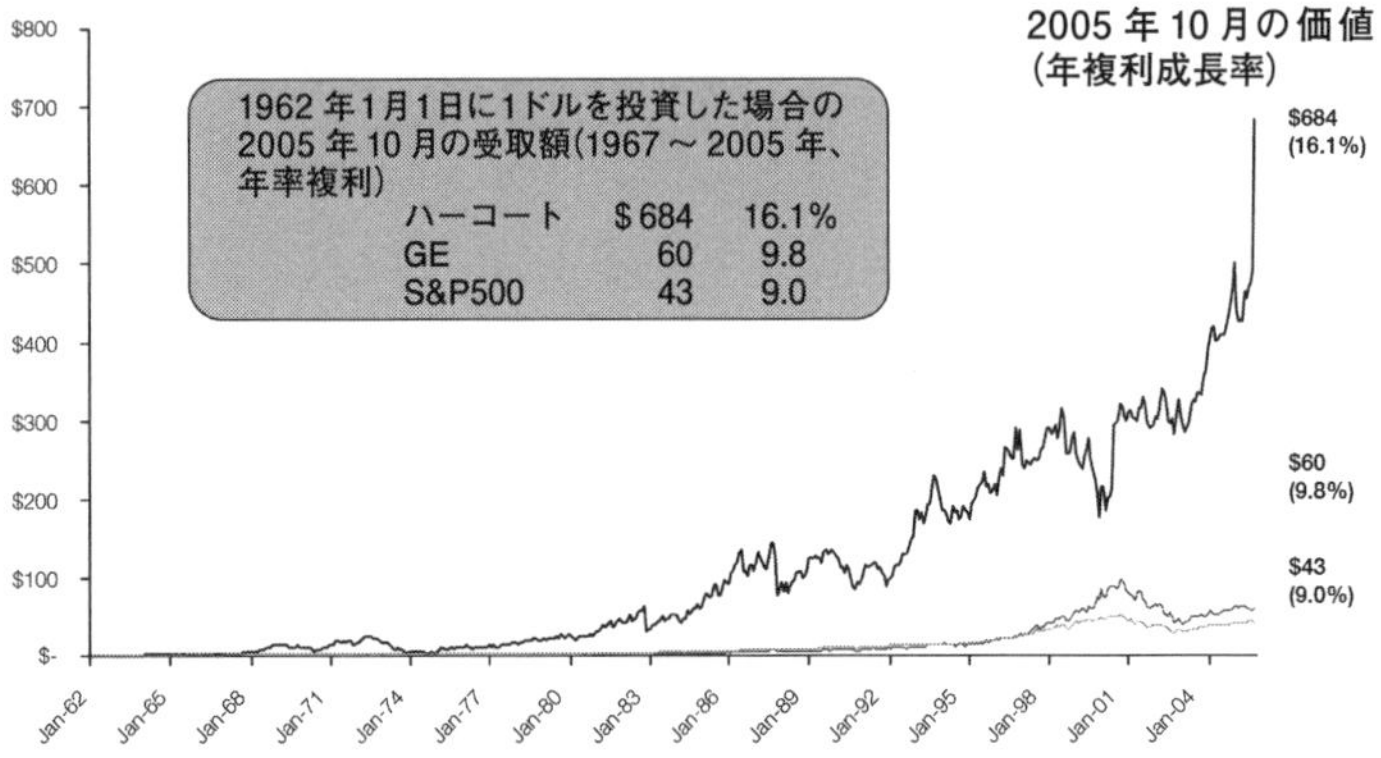

1962年1月に1ドルを投資した場合の価値[a]

出所＝証券価格調査センター（CRSP）
注＝ニーマン・マーカスは1989年10月にゼネラルシネマの株主にスピンオフされ、ハーコート・ゼネラルは2001年7月にリード・エルゼビアに売却された。2005年10月にニーマンをTPGとワーバーグ・ピンカスに売却したときのリターンを反映するために、リード・エルゼビアへの売却益は平均的な成長率であるルーカディアとS&P500に再投資したものとした（ルーカディアとS&P500の2001年7月から2005年10月までの年複利成長率は、それぞれ17.7%と0.7%）
a＝配当（税率35%）は即座に普通株に再投資したものとする

彼は、この会社を三人の最高幹部――CFOのウディ・アイブスと、COO（最高執行責任者）のボブ・ターと、企業内弁護士のサム・フランケンハイム――と協力して経営してきた。彼は、このグループを正式に会長室（通称OOC）と名づけていた。OOCは毎週集まり、ここでスミスは積極的な討議を促した。長年ゼネラル・シネマに投資してきた投資銀行家のシーザー・スワイツァーは、この会議を「平等かつ建設的に行われるレスリングの試合のようだ」（注４）と語っている。

スミスは、ほかのＯＯＣメンバーに多数決で負けることもいとわなかった。才能あるＣＦＯのアイブス（のちにイースタン・リソースに移って見事に再生させた）は、ゼネラル・シネマで最も誇りに思った場面のひとつとして、スミスの提案（コムキャストとＣＢＳと組んでケーブル事業に参入しようとした）を取締役会が却下したときのことを思い出すという。この決定が下される前に、スミスはアイブスに、取締役会の前で反対意見を述べる機会を与えたのだ。「彼は取締役に向かって公然と反対意見を述べさせてくれました。そんなことをさせるＣＥＯはあまりいません」（注５）

ゼネラル・シネマは、少ない人数で運営されていた。本社はマサチューセッツ州チェスナッツヒルのありふれたショッピングモールの裏にある自社の映画館のとなりにある。スミスは、この郊外の事務所について、映画館の収入で本社を含めた賃料が実質的に無料になっていると誇らしげに言う。スミスは、日々の経営はＯＯＣと部門の責任者に任せ、投資家との交流にもほとんど時間を割かなかった――パトナムのアナリストのボブ・ベックによれば「辛うじて妥当と言える」（注６）程度だった。その代わりに、彼はほとんどの時間を戦略と資産配分に使っていた。

この会社は、少数の経営陣がしっかりした運営を行っていた。長年メディア企業に投資しているデビッド・ワーゴは、HBJを買収した直後に経営陣の話を聞いたときの報告書を見せてくれた。このなかで目を引いたのは、明快なプレゼンテーションだった。取引の理由が分かりやすく整理され、具体的なベンチマークとリターン目標が簡潔にまとめられていた。また、あとから考えれば、これらの目標はすべて達成したか超えていたことも注目に値する。ワーゴが言うとおり、ゼネラル・シネマの経営陣のように「本当に才能あふれる人たちは、少人数でも驚くほどの富を生み出すことができます」（注7）。

三〇代後半でCEOに就任したスミスは、若い幹部に責任を与えることに抵抗がなかった。一九七四年には、投資銀行勤務で事業経験がない三七歳のアイブスをCFOとして雇った。また、一九七八年にはもと潜水艦乗りの海軍中佐で、ハーバードでMBAを修得したターを飲料部門の社長に指名した。そのしばらくあとには、三五歳のポール・デル・ロッシを映画館部門の責任者として雇った。

最高幹部の報酬は、スミスいわく、「他社に劣らないが素晴らしくもありません」（注

8）。しかし、この会社では経営のカギを握る管理職にはストック・オプションを与え、一定額までは株の購入の半額を補助するという寛大な制度を設けていた。アイブスによれば、この取り組みは結果的に幹部が「株主になったことでこの会社のオーナーのような気分になり、そのつもりで行動するようになりました」（注9）という効果を生んだ。

スミスの資産配分の実績も素晴らしかった。スミスの長い任期中、主な資金源は三つあった——事業キャッシュフローと長期負債と、ときどきある大型資産の売却益である。映画館事業は、運転資本がマイナスになる（チケット代を先に受け取り、映画会社には九〇日後に支払う）ことや、資本コストが低い（映画館を建ててしまえば、維持費はあまりかからない）という素晴らしいキャッシュフローの特徴がある。このような魅力的な経済性は、ディック・スミスのビジネスに対する世界観に強い影響を及ぼし、彼はごく早い時期から従来のＥＰＳ（一株当たり利益）よりもキャッシュフローを最大化することに注力した。

私がゼネラル・シネマを訪ねたとき、スミスはCEOに就任した一九六二年の年次報告書を見せてくれた。このなかで、彼は純利益ではなく、現金収入（純利益と減価償却の合計と定義している）が企業のパフォーマンスを評価するときのカギとなる基準だと繰り返し述べている。今ではアメリカのビジネス界で普通に使われている言葉だが、もしかしたらこれが初めて使われたケースかもしれない。長年ゼネラル・シネマでCFOを務めたウディ・アイブスは、スミスの任期中「常に現金を重視してきました」と語っており、同社は安定的に多額の事業キャッシュフローを生み出していった（**注10**）。

ちなみに、スミスは新株の発行を嫌っていた。実際、初めて株式を公開して以降、一九九一年にHBJ買収にかかわる節税対策としてごく少数の株を発行しただけで、あとはほとんど発行していない。彼の言葉を借りれば、「私たちは株を発行しません。私は封建時代の領主のようなもので、先祖からの土地を守っているのです」。

ただ、買収資金を調達するために戦略的な借り入れは行っていた。最大の買収となったカーター・ホーリー・ヘールとハーコート・ブレース・ジョバノビッチの買収資金は、全額借入で調達した。その結果、一九八〇年代半ば以降、ゼネラル・シネマの負債キャッシュフロー比率は、常に三倍以上を保っており、それが資本収益率と節税に寄与していた。

また、節税もゼネラル・シネマにとって重要な資金源となっており、ここも他社との違いだった。特にスミスは、この分野の先駆者だった。この会社で長年、税務顧問を務めたディック・デニングによれば、「彼らは極めて洗練されており、……積極的に新しい節税のアイデアを研究し、取り入れていました」。この節税計画の効果は、スミスの任期中の実効税率が平均三三％という低さだったことに表れている。ちなみに、このころの企業の税率は五〇％近かった。

これまで見てきたとおり、CEOが外部株主の抵抗を受けずに大きな部門や事業を売却するということはまれだった。しかし、ディック・スミスは本書で取り上げたビル・アンダースやビル・スティーリッツなどのCEOのように特別優れた事業の売り手で、三つの異なる時期に大規模な部門を史上最高値で売ることに成功した――一九八九年の飲料事業と、二〇〇三年のHBJの出版事業と、二〇〇六年のニーマン・マーカス・グループ。それぞれのケースにおいて、彼は成長見通しが衰えてきても高い価格を保っていれば、たとえ売却が自分の会社を大幅に縮小させることになっても積極的に売却に動いた。

直近の例で言えば、二〇〇六年のニーマン・マーカスの売却がある。スミスは、このチェーンをさらに拡大するのは、資本がかかりすぎるうえ（新規出店のたびに五〇〇〇万ドルの資本投入が必要）事業展開も難しいと考えた。しかし、未公開株投資会社は一級の小売り事業に低コストで借り入れた豊富な資金を使って、記録的な高値で買うと提案してきた。そこで、スミスはゴールドマン・サックスを通じて、正式な入札を行い、テキサス・パシフィック・グループ（ＴＰＧ）率いるコンソーシアムに記録的なキャッシュフロー倍率でニーマン・マーカスを売却した。

ただ、成熟した事業であってもスミスが売却しなかったのは、父の遺産である映画館事業のＧＣカンパニースだった。一九九〇年代末に、映画の興行は以前よりも激しい競争にさらされていた。しかし、彼はこの部門を売る代わりに（一九八〇年代末に魅力的な提案があったと言われている）、アメリカ中で急成長していたメガプレックス（巨大複合映画館）に対抗して既存の映画館の存在意義を正当化しようとした。ゼネラル・シネマはいくつかの映画館を閉鎖し、残った施設は拡大し、新しい映写技術を導入したがすべては無駄だった。一九九〇年代末までに、ＧＣＣは債務の返済ができなくなり、破産宣告に至った。スミスには珍しい失敗だった。

スミスはさまざまな資金源から得た現金を、主に買収と自社株買いと設備投資の三つに投入していた。その一方で、配当は最低限に抑え、魅力的な投資機会が見つかるまで巨額の資金を保有していたことは注目に値する。

スミスの買収の仕方には、いくつかの共通点がある。買収するのはどれも、業界大手で、堅調な成長が見込め、有名ブランドだった。また、これらの取引はどれもほかの買い手が躊躇する状況で機を見て行ったもので、カーター・ホーリー・ヘールの場合は、ザ・リミテッドの敵対的な買収提案にこれほどの速さで対応できるところはなかったし、HBJのときは複雑な資本構成を解明して何重にも層を成す債権者と交渉しようという買い手はほかにはいなかった。また、これらはゼネラル・シネマにとっては大きな買収で、実行時の企業価値の二二～六二％という驚くべき規模だった。

スミスは、自社株買いを継続して行い、最終的には全体の三分の一にもなった。これによる長期的な内部収益率は、一六％にも上った。ヒューブラインが一九八二年にゼネラル・シネマの「関与する投資」に対応してゼネラル・シネマの株式を大量に購入したときには、スミスも自身が持つ株数の一〇％相当分の自社株を買い、これは一回の自社株買いとしては最大規模となった。

ゼネラル・シネマは、設備投資に関する規律を守り、魅力的なリターンが見込めなければ資本を要求されても却下した。この会社が初期に郊外に建設した映画館は素晴らしいリターンを上げており、飲料部門のなかにも魅力的な投資先があった。つまり、これらの高い基準がゼネラル・シネマのほかの事業にも適用された。HBJの出版事業は、物理的な資産はほとんどないため、あまり資本を必要としていなかった。その一方で、ニーマン・マーカスは多額の資本投資を必要としていた。

小売事業は、ゼネラル・シネマのほかの事業よりも資本集約的だが、スミスはニーマン・マーカスには独自のブランドがあり、低迷の理由は前オーナーの経営にあったと見ていた。彼は、機会があれば、ニーマンの新店舗に大金を投じるつもりだった。成長の可能性を示しておけば、売却時にプレミアムが付くと考えたからだ（二〇年間の保有期間に新規出店したのはわずか一二店舗だったが、新しい買い手はその何倍もの出店を計画するだろう）。この理論は、ニーマンを法外な価格で売却したことで十分証明された。

キャピタル・シティーズと同様、ゼネラル・シネマでも最高幹部と話をしていると、彼らの熱意が伝わってきて、仲間意識と冒険心を感じることができた。二つの会社の幹部たちは、取捨選択を繰り返しながら新しい事業を成功させていった。彼らはそれぞれの事業において、業界トップクラスの利益率と高リターンを上げ、素晴らしい運営能力を証明していった。スミスは、才能ある幹部たちに大きな裁量権を与えることで、彼らがオーナーであると感じるような環境を整えていた。スミスは目を輝かせて「私たちはみんなこの仕事を本当に楽しんでいました」と語ってくれた。また、ウディ・アイブスは、彼個人の株の持ち分に関してこう言った。「売らなければよかった」（注11）

第8章

CEOは投資家――ウォーレン・バフェットとバークシャー・ハサウェイ

「家を整えれば、次は家があなたを整えてくれる」――ウィンストン・チャーチル

「宇宙で最も強大な力は複利である」――アルバート・アインシュタイン

「私は事業家であるゆえに、より良い投資を行うことができる。そして、私は投資家であるゆえに、より良い事業を行うことができる」――ウォーレン・バフェット

バークシャー・ハサウェイはマサチューセッツ州ニューベッドフォードにある繊維会社で、一〇〇年の歴史がある。この会社は、この地域のチェース家とスタントン家が何代にもわたって所有してきた。ニューイングランド地方にあるこの会社は繁栄期を過ぎ、一九六五年の時点では敵対的買収の標的になるような会社ではなかった。ただ、当時七〇歳代の頑固なCEO（最高経営責任者）のシーバリー・スタントンにとっては、買収というだけで十分敵対的だった。スタントンは無愛想な大口投資家の面会を拒否し、思

いがけず強硬に抵抗した。

結局、長い委任状争奪戦の末に、侵略者にはとても見えない無名の耳が大きい青年――ウォーレン・バフェットという三五歳のネブラスカ州の神童――がこの会社を買った。バフェットは当時、ネブラスカ州オマハの地味なビルにある小さな投資組合を運営しており、事業経営の経験はなかった。

ただ、彼は一九八〇年代の悪名高い乗っ取り屋とはかなり違っていた。まず、彼はあまり敵対的ではなく、買収を始める前にチェース家と親しくなっていた。次に、彼は借入金で買収をしなかった――ゴードン・ゲッコーやヘンリー・クラビスとはかなり違う。

バフェットは、バークシャーの株価が簿価と比較して安いことに魅力を感じていた。当時、バークシャーは競争が厳しい製品事業（スーツの裏地）で業界の弱小プレーヤーに甘んじており、時価総額はわずか一八〇〇万ドルだった。この初めはぱっとしなかった会社が、のちに空前の利益を生み出すことになる。長期の株のパフォーマンスで見ると、この角刈りのネブラスカ州の若者が、ほかのＣＥＯとは天と地ほどの違いを生み出したのである。この別世界のようなリターンは、ニューイングランド地方にあるこの古びた繊維会社から始まり、今日では発行済み株数がほとんど変わっていないのに、時価総額が一四〇〇億ドルになっている。バフェットが初めてバークシャーの株を買ったとき、株価は七ドルだったが、今日この銘柄は（一株当たり）一二万ドルで売買されている。バフェットが、このような会社に驚くべき変革をもたらし、彼の投資家としての経歴がバークシャーの独特な経営を生み出した経緯は、非常に興味深い。

ウォーレン・バフェットは、一九三〇年にネブラスカ州オマハで生まれた。家族は代々この土地に住んでいた。祖父は地元で有名な雑貨店を営み、父はオマハ市内で株のブローカーをしていたが、のちに下院議員になった。バフェットは、二人の庶民的なスタイルを受け継いだ。彼は早い時期から起業家的な傾向があり、六歳から高校を卒業するまでに新聞配達、自動販売機を使ったアイデア、ソフトドリンクの転売などさまざまな仕事や試みを行ってきた。高校を卒業するとペンシルベニア大学に入学したが、途中でネブラスカ大学に移り、二〇歳で卒業すると大学院に願書を送り始めた。

バフェットは小さいころから株式市場に興味があり、一九歳のときにベンジャミン・

グレアムの『**賢明なる投資家**』（パンローリング）を読んだときに聖パウロがダマスカスに向かうときに得たようなひらめきを感じた。バフェットは、その日からバリュー投資家に転向し、グレアムの公式に従って正味運転資本（「ネットネット」、つまり最終純利益）に対して大幅に割安で、統計的にも安くなっている銘柄を買い始めた。彼は、それまでの仕事で得た資金（当時約一万ドルあった）を元手にこの投資戦略を実践した。そして、ハーバード・ビジネス・スクールが不合格だったため、コロンビア大学院に進んでグレアムの下で学ぶことにした。バフェットはグレアムのクラスのスターで、グレアムが二〇年以上コロンビアで教えてきたなかで、A＋の成績を付けた初めての学生となった。

一九五二年に大学院を卒業すると、バフェットはグレアムが経営する投資会社への就職を希望したがかなわなかったため、オマハに戻ってブローカーになった。そこで彼が最初に顧客に勧めたのが自動車保険会社のガイコだった。この会社は公務員に直接保険を販売していた。バフェットがこの会社に関心を持ったきっかけは、グレアムがこの会社の会長を務めていたからだが、調べていくうちにガイコが重要な競争力と、グレアムが言うところの「安全域」（株価が本質的価値よりもはるかに安い）があることを知った。

ちなみに、本質的価値とは、情報がすべて開示されれば、洗練された買い手が支払うであろう金額である。バフェットは、自己資金のほとんどをこの会社につぎ込み、顧客にも熱心に勧めた。しかし、これはなかなか売れず、ブローカーの仕事よりも投資研究のほうが楽しく感じるようになっていった。

バフェットは、オマハに戻ってからもグレアムと連絡を取り合い、株のアイデアを送り続けた。そしてついに一九五四年、グレアムが折れてバフェットを雇うことにした。バフェットはニューヨークに戻り、それから二年間、グレアムの下で「ネットネット」（割安でたいていは質が低い会社、バフェットはのちにこれを「シケモク」というウイットに富んだ言葉で表現している）を研究した。一九五六年になると、グレアムは自分の会社を解散して、ほかの関心事に注力するようになったため（このなかには、古代ギリシャの詩人、アイスキュロスの作品の翻訳も含まれている）、バフェットはまたオマハに戻り、家族や友人から資金を集めた一〇万五〇〇〇ドルを元手に小さい投資組合を設立した。このとき、彼の自己資金は一四万ドルに増えていた（今日の価値ならば一〇〇万ドル以上）。

次の一三年間で、バフェットは桁外れの成果を収め、レバレッジも使わずに毎年S&

表8.1　バフェットの投資組合のリターン（%）

年	バフェットの投資組合	ダウ平均	差
1957	10.4	-8.4	18.8
1958	40.9	38.5	2.5
1959	25.9	20.6	5.3
1960	22.8	-6.2	29.0
1961	45.9	22.4	23
1962	13.9	-7.6	21
1963	38.7	20.6	18
1964	27.8	18.7	9
1965	47.2	14.2	33
1966	20.4	-15.6	35
1967	35.9	19	14
1968	58.8	7.7	51
1969	6.8	-11.6	18
平均	30.4	8.6	21.8

P五〇〇を上回るリターンを上げていた（**表8.1**）。これは、おおむねグレアムのディープバリュー投資の成果だった。しかし、一九六〇年代半ばにアメリカン・エキスプレスとディズニーに大金を投じたときは、グレアムの手法を使わなかった。これは彼の投資哲学が、

高い参入障壁を持つ高品質の企業に投資するという方向に大きくかじを切る前兆となった。

一九六五年、バフェットは投資組合を通じてバークシャー・ハサウェイの支配株主になった。彼はそのあとも四年間、投資組合を続け、素晴らしい成果を上げたが、一九六〇年代末のブル相場で株価が上昇してきたため、一九六九年に突然組合を解散してしまった（ちなみにこの年はテレダインのヘンリー・シングルトンが一連の買収をやめた年でもある）。しかし、バークシャーは将来の投資活動の拠点にするつもりで所有権を手放さなかった。

バークシャーの支配権を握ってすぐ、バフェットはケン・チェースをCEOに指名した。チェースは最初の三年間でバークシャーの在庫を減らし、余剰な工場と設備を売却し、まれにある周期的な利益率の急上昇も重なって、一四〇〇万ドルを生み出した。こうして得た資本の大部分はナショナル・インデムニティの買収に使われた。これはニッチな分野を扱う保険会社で、フロート（保険料を受け取ってから損失や経費を支払うまでの間、貯まっている資金）の形で莫大な現金を生み出していた。バフェットは、このフロートで上場証券と未公開のオーナー企業を買って、非常に効率的に運用した。後者には、オマハ・サン紙（オマハの週刊で発行されている新聞）やイリノイ州ロックフォードにある銀行などが含まれていた。

この時期、バフェットはチャーリー・マンガーと急速に親しくなっていった。マンガーはオマハ出身の優秀な弁護士兼投資家で、当時は西海岸で仕事をしていた。彼が一九八〇年代初めにバークシャーの副会長に就任したことで二人は正式なパートナーになり、現在に至っている。

一九七〇年代から一九八〇年代初めまで、バークシャーの年次報告書のテーマは、常にインフレへの恐れだった。当時の常識では、最も効果的なインフレ対策は実物資産（金、材木など）だと言われていた。しかし、バフェットは、マンガーの影響を受けたこととグレアムの手法から転向したことで、違う考えに至っていた。資本をあまり必要とせず、価格を上げることができる会社というのが、インフレによる損失を抑えるための最高の組み合わせだというのが、彼のあまのじゃく的な洞察だった。

そこで、彼は消費者ブランドやメディアといった「フランチャイズ」事業、つまりマーケットで支配的な地位を築いているかブランドを持っている企業に投資することにした。この投資条件の変更とともに、保有期間を長期にするという重要な変更をしたことで、税引き前利益を長期間複利で増やしていくことが可能になった。

これらの変更がどれだけ大きなことだったかは、いくら強調してもし足りない。バフェットは、キャリアの半ばで利益が約束されている投資方法（貸借対照表と有形資産に注目する手法）から、まったく違う方法（将来の見通しと、損益計算書と、ブランドやマーケットシェアといった数量化しにくい資産に注目する方法）に変えたのである。バフェットは、安全域をグレアムが提唱する正味運転資本ではなく、割引現在価値とPMV（事業家的市場価値）を使って判断するようになった。これは、ボブ・デュランがアコースティックギターをエレキギターに持ち替えて賛否両論を巻き起こしたのと似ている。

この地殻変動的な変化は、一九七〇年代を通してバークシャーの保険ポートフォリオにも見られ、メディアとブランド消費財の会社の割合が増えていった。この移行期は一九七〇年代末に終わり、新しいポートフォリオには一〇〇％子会社のシーズ・キャンディーやバッファロー・ニュース、そして大株主となったワシントン・ポスト、ガイコ、ゼネラル・フードなどが含まれていた。

シーズ・キャンディー――転換点

バフェットの投資方法が「シケモク」から「フランチャイズ」に変化するなかで、重要な投資となったのが一九七二年に買収したシーズ・キャンディーだった。バフェットとマンガーはこの会社を二五〇〇万ドルで買った。当時、この会社の有形資産の簿価は七〇〇万ドル、税引き前利益は四二〇万ドルで、それだけで言えば二人は簿価の三倍以上という法外な価格を支払ったように見える（ただし税引き前利益のわずか六倍）。それに、シーズはグレアムの基準で見れば高い買い物で、彼ならばけっして買おうとはしなかっただろう。しかし、バフェットとマンガーはこのブランドが大好きで、資本収益率も高く、潜在的な価格力を持っているこの会社を買った。そして、それを生かすためにすぐに新しいCEOとしてチャック・ハギンズを指名した。

シーズは、買収以来、成長率はさほど高くはないが、そのブランド力ゆえに安定的に株価が上昇しており、バークシャーは買収から二七年間で三二％という驚くべきリターン（年率複利）を上げた（二〇〇〇年以降、シーズ単体の数字は公表されていない）。

過去三九年間に、二五〇〇万ドルで買収したシーズは、一六億五〇〇〇万ドルのフリーキャッシュをオマハに送っている。この資金は、バフェットの優れたスキルで運用され、シーズはバークシャーの成功を支える重要な構成要素になっている（面白いことに、リターンを生み出すことと買収価格はあまり関係がない。もし、バフェットとマンガーが二倍の金額で買収していたとしても、二一％という十分魅力的なリターンが上がっていたのである）。

バフェットは、一九八〇年代の前半を一〇〇％子会社を増やしていくことに注力し、一九八三年にはネブラスカ・ファニチャー・マートを六〇〇〇万ドル、一九八五年にはスコット・フェッツァー（ニッチな工業製品の複合企業）を三億一五〇〇万ドルでそれぞれ買収した。一九八六年、彼は友人でキャピタル・シティーズのCEOであるトム・マーフィーがABCと合併するのに協力して、それまでで最大の投資額となる五億ドルでABC株を買った。これによって、バフェットとバークシャーは新会社の一八％を所有することになり、これはガイコ、ワシントン・ポストに次いで三番目の「永久保有」銘柄となった。

一九八七年一〇月に起こった大暴落の前にバフェットは保険会社のポートフォリオで保有していた株のうち、三つの核となるポジション以外をすべて売却した。しかし一九八九年になると、キャピタル・シティーズの株を買って以来、上場会社には投資していなかったバフェットが、バークシャー最大の投資を発表した。簿価の四分の一の金額を投じて、全コカ・コーラ株の七％に相当する株を買ったのである。

一九八〇年代末になると、バフェットはいくつかの上場会社の転換優先株を買った。このなかには、ソロモン・ブラザーズ、ジレット、USエアウェイズ、チャンピオン・インダストリーズなどが含まれていた。これらの会社の配当は税の優遇措置があり、バークシャーにとっては魅力的な利回りと、業績が良ければ将来的な値上がりも期待できた（普通株に転換できるため）。

一九九一年、ソロモン・ブラザーズの米国債の不正入札という金融スキャンダルが発覚すると、バフェットは暫定CEOとして再建を任される。彼は九カ月あまりフルタイムでこの仕事に専念し、当局と交渉し、新しいCEOを指名し、同社の複雑な報酬制度を合理的な制度に変更した。最終的に、この件は比較的少額の罰金で終結し、ソロモンはかつての活気を取り戻した。そして、一九九六年末にはサンディ・ワイルが経営するトラベラーズ・コーポレーションに九〇億ドルで売却された。これはバフェットの投資額を大幅に上回る金額だった。

一九九〇年代初めになっても、バフェットは厳選した上場企業に相当規模の投資を続けていた。この時期に投資したのが、ウェルズ・ファーゴ銀行（一九九〇年）、ゼネラル・ダイナミクス（一九九二年）、アメリカン・エキスプレス（一九九四年）などである。そして、一九九〇年代後半になると、バフェットは再び買収に力を入れ始め、その象徴となったのが二つの保険会社だった。一九九六年に二三億ドルを投じてガイコの残りの半分を買い、一九九八年に二二〇億ドル相当のバークシャー株で再保険会社のゼネラル・リーを買収したのだ。ゼネラル・リーは、バークシャーにとって史上最大の買収だった。

一九九〇年代末から二〇〇〇年代初めになると、バフェットは機を見て未公開会社を買っていったが、その多くは九月一一日の同時多発テロのあとに人気がなくなった会社だった――ショー・カーペット、ベンジャミン・ムア・ペイント、クレイトン・ホームズなど。また、オマハの友人でキーウイット・コンストラクションの元CEOのウォルター・スコットと共同で設立したミッドアメリカン・エネルギーを通じて、電力会社にも一連の投資を行った。

この時期、バフェットはそれまで行ってきた株式投資以外にもさまざまな投資を積極的に行っていた。二〇〇三年には、当時まったく人気がなかった高利率のジャンクボンドに七〇億ドルという大金を投じた。二〇〇三年と二〇〇四年には、通貨市場で二〇〇億ドルも投じてドルを売り、二〇〇六年にはバークシャーで初めての外国企業の買収を発表した――イスラエルの刃具と刃物のメーカーであるアイスターを五〇億ドルで買収し、同社はバークシャー傘下で繁栄した。

そのあとの数年間はほとんど動きがなかったが、リーマン・ブラザーズの破綻から始まった金融危機をきっかけに、バフェットの投資人生のなかで最も活発な時期が始まった。そして、そのクライマックスが、二〇一〇年初めに三四二億ドルで買収したアメリカ最大の鉄道会社であるバーリントン・ノーザン・サンタフェだった。

ここで、例によってリターンを比較してみよう。一九六五年六月にバフェットがバークシャーの支配権を握ってから二〇一一年までに、バークシャーの株価は二〇・七％（年率複利）という桁外れの上昇を記録し、これは同期間のS&P五〇〇のリターンである九・三％をはるかに上回っている（図8.1）。バフェットがバークシャーを買収したときに一ドルを投資していれば、四五年後にはそれが六二六五ドルになっていたのである（彼が初めて株を買ったときから投資していれば、一万ドルになっていた）。ちなみに、もし同じ期間にS&P五〇〇に投資しても、六二ドルにしかなっていない。

バフェットの長い任期中のバークシャーのパフォーマンスはS&P五〇〇の一〇〇倍を超え、ウェルチ時代のGEや同業他社のどの指数をもはるかに上回っていた。

図8.1　バークシャー・ハサウェイに1ドルを投資した結果

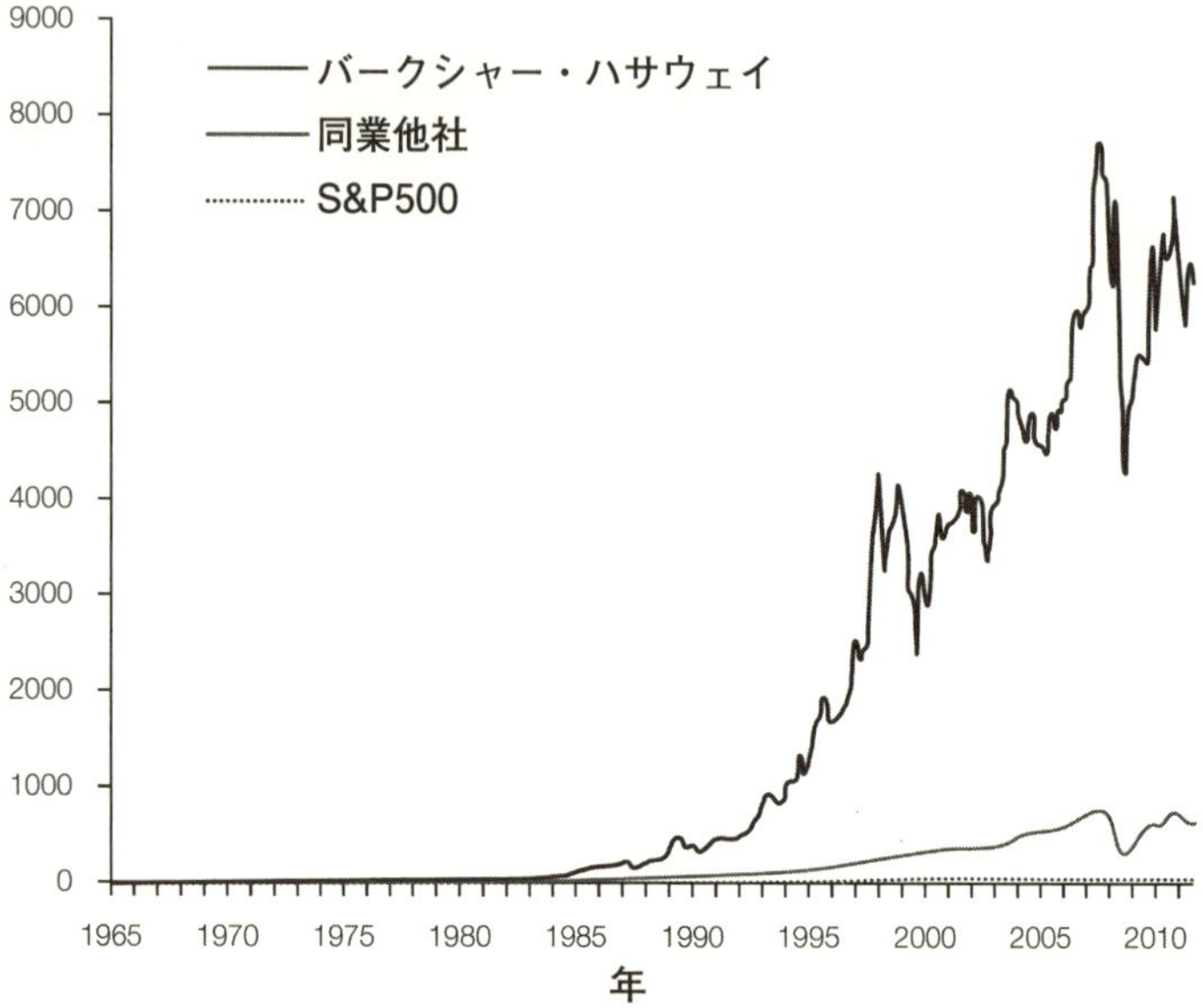

出所＝証券価格調査センター（CRSP）、コンピュスタット

経営のポイント

バフェットの桁外れの成果は、資本の創出と資本の配分と事業管理という三つの重要で関連する分野における特異な手法によって生み出された。

チャーリー・マンガーは、バークシャーの長期的な成功の秘訣について「三%のコストで資金を生み出し、一三%で運用する」（**注1**）能力だと述べているが、この低コストの資金を安定して生みだす能力がバークシャーの成功に果たしている役割は十分に評価されていないと思う。驚くのは、バフェットがほとんど借り入れや株の発行を行っていないことで、バークシャーの投資資金のほとんどは社内で調達されている。

バークシャーの主な資金源は保険子会社のフロートだが、一〇〇％子会社の利益とときどき行われる資産の売却からも多額の資金を得ている。バフェットは、実質的な資本の「フライホイール」（安定機構）を作り上げた。社内で集めた資金を使って新たな現金を生み出す事業の全部または一部分を買い、その利益でまた別の投資を行うのである。

保険は、利益率の高さと、桁外れの成長に不可欠な基盤として、バークシャーで最も重要な事業である。バフェットは、保険事業を運営するための独自の手法を生み出したが、これはほかの事業運営や資本配分と興味深い類似点がある。

バフェットが一九六七年にナショナル・インデムニティを買収したとき、低コストのフロートを生み出す保険会社にはレバレッジが組み込まれていることに、彼はだれよりも早く気がついた。保険会社の買収は、彼の言葉を借りればバークシャーにとって「分岐点」だった。彼いわく、「フロートは、私たちが保有している資金ですが、所有しているわけではありません。保険会社では、損失を支払う前に保険料を受け取るのでフロートが生まれ、ときにはそれが何年も滞留することもあります。その間、保険会社はその資金を運用します」（注2）。これも、彼の強力な因習打破的手法で、当時の同業他社はほとんどこれを無視していた。

バフェットは、ときとともに保険事業の運営に関して利益率が高い引き受けと、保険料収入の増加によるフロートの創出という独自の戦略を作り上げていった。この手法は、短期的には不利になっても低価格での引き受けをしない反面、魅力的な価格ならば桁外れに大きい金額でも受け入れるというもので、ほかの保険会社とはかなり違っていた。

バフェットの保険事業の運営は、収益に波はあるが非常に利益率が高かった。例えば、一九八四年にバークシャー最大の損害保険会社であるナショナル・インデムニティは、六二二〇万ドルの保険料収入を計上したが、二年後はその六倍の三億六六二〇万ドルだった。しかし、一九八九年には七三％減の九八四〇万ドルになり、次に一億ドルを超えたのは一二年後だった。しかし、それから三年後の二〇〇四年には六億ドルを計上している。この期間、ナショナル・インデムニティの引き受けの平均年間利益率は保険料の六・五％だった。ちなみに、同じ期間の平均的な損害保険会社の平均利益率はマイナス七％だった。

図8.2　バークシャー・ハサウェイの保険料の伸びは業界平均と比べてでこぼこしている

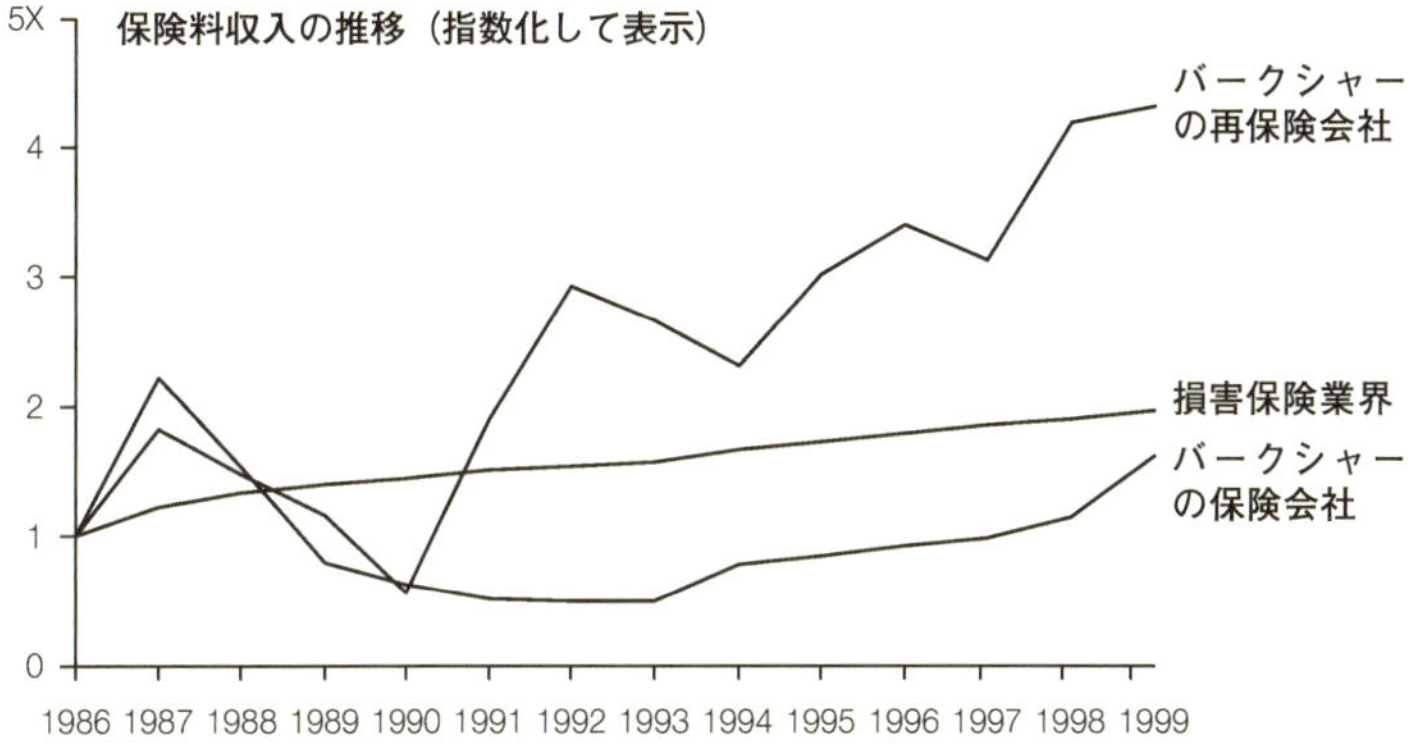

出所＝損害保険業界の保険料データは、A.M.ベストのP&Cインシュアランス・アグリゲート・アンド・アベレージの合計保険料収入、バークシャー・ハサウェイのデータは年次報告書より引用

こののこぎりの歯のような収益パターン（図8.2）は、独立系の上場保険会社ならばとうていウォール街の理解を求めることはできない。しかし、バークシャーの保険会社は分散化した巨大企業の一部であり、ウォール街の監視の目からも守られている。そのことが、この会社に大きな競争力を与えており、バークシャーの保険会社はみんな保険料の伸びではなく、利益率を追求することに専念することができる。バフェットの言葉を借りれば、「チャーリーと私は一二％のリターンを維持するよりも

でこぼこの一五％のほうを選びます」（注3）。

バークシャーの保険会社のフロートは、一九七〇年の二億三七〇〇万ドルから二〇一一年には七〇〇億ドルと大幅に増えている。この驚くほど低コストの資金源は、バークシャーの途方もないパフォーマンスの燃料になっており、これから見ていくように、何もしない時期と決意を持って活動する時期が交互にあるというパターンは、この会社の投資活動にも見られる。バフェットは保険においても投資においても、長期的な成功のカギとなるのは「気質」であり、「みんなが強欲になっているときは恐れ、みんなが恐れを抱いているときには欲を出す」（注4）ことだと言っている。

もうひとつ大事な資金源は、一〇〇％子会社の収益である。これらの収益は、過去二〇年間にバフェットがさらに子会社を増やしたことで、その重要性はさらに増している。一九九〇年に一〇〇％子会社から得た税引き前利益は一億〇二〇〇万ドルだったが、二〇〇〇年にはこれが九億一八〇〇万ドルになり、言い換えれば年率二四・五％（複利）で増えたことを意味している。そして、二〇一一年にはこの利益がなんと六九億ドルに上っていた。

次は、バフェットがバークシャーの子会社からわき出る資本をどのように使っているのかに注目していく。彼は、会社を買うとすぐにキャッシュフローの支配権を握り、余剰資金はオマハに送ってそこで投資することを求める。チャーリー・マンガーが指摘しているように「バークシャーでは、経営は極めて分権化されていますが、資本配分は極めて集中管理されています」**(注5)**。この締めたり緩めたり、委譲したり序列をつけたりすることは本書のアウトサイダー企業のすべてに見られるが、それでもバークシャーほど極端ではない。

バフェットは、CEOになる前に投資家としてすでに桁はずれの成功を収めていたことで、バークシャーの資本配分を行う独自の準備が整っていた。通常、ほとんどのCEOは自分の業界のなかの投資経験しか持っていない「ハリネズミ」である。反対にバフェットは、もともとさまざまな業界や証券に投資するための査定が専門の典型的な「キツネ」で、幅広いメニューから配分先を選ぶことができる。このなかには未公開会社や上場株を買うことも含まれている。簡単に言えば、CEOがたくさんの選択肢を持っているほど、高リターンの投資を選ぶことができ、幅広い選択肢がバークシャーの大きな競争力になっているのである。

バフェットの資本配分の仕方は独特で、彼は配当を支払ったり大量の自社株買いをしたりはしない。また、バークシャーの子会社の多くはほとんど資本投資が必要ないため、彼は余剰資金を上場株や未公開会社の買収に使っている。ちなみに、ほとんどのCEOには豊富な投資経験がないため、このような選択肢はない。この二つの分野を詳しく見る前に、彼の初期の重要な判断について見ていこう。

バフェットは短期間、繊維事業に取り組んでみたあと、早い時点でバークシャーが伝統的に行ってきた低リターンのスーツの裏地の製造にはこれ以上は投資を行わないと決め、余剰資金はすべて別のところで使うことにした。一方、当時も今も繊維業界最大手のバーリントン・インダストリーズは、別の道を選択し、一九六五～一九八五年にかけてすべての資本を既存の事業につぎ込んだ。この二〇年間で、バーリントンの株価は年率〇・六％しか上昇していないが、バークシャーは二七％という驚異的なリターン（年利複利）を上げた。このリターンの違いは、資本収益率が魅力的な事業に注力することの価値と、低リターンの事業から撤退することの相対的な価値をどう判断するかという資本配分の重要性をよく表している。

このことは、バークシャーだけでなく、すべての会社にとって重要な決定になる。買収などの派手な活動の陰であまり注目されていないが、資本配分で重要なことのひとつは、これ以上投資をすべきでない低リターンの事業を見極めることである。アウトサイダーＣＥＯは通常、将来性が低い事業は冷静に閉鎖したり売却したりして、資本を内部のリターンの基準を満たす事業に集中させることができる。バフェットも、一九八五年についにバークシャーの繊維事業を閉鎖したとき、「乗り込んだ船が慢性的に浸水しているときと気づいたときは、浸水部をふさいで回るよりも船を乗り換えることにエネルギーを費やすほうが生産的です」（注6）と語っている。

バフェットに関して最も有名なのは株式投資だが、これは彼がＣＥＯに就任して最初の二五年間の主な手段だった。バフェットの株式投資のリターンは、どのような基準に照らしても特大ホームランに間違いないが、これにはいくつかの見方がある。先述のとおり、バフェットの投資組合の一九五七～一九六九年にかけた平均リターンは、三〇・四%だった。一方、マネー・ウィーク誌の調査によれば、バークシャーの一九八五～二〇〇五年にかけての投資リターンは二五%だったという（注7）。

バークシャーの全体リターンの重要性と、資本配分に関する多彩な考えを実行する手段として、バフェットの公開市場における投資の一面であるポートフォリオマネジメントについて詳しく見ていきたい。ポートフォリオマネジメントとは、何種類の銘柄をどれくらいの期間保有するかということで、これがリターンに非常に大きな影響を及ぼす。同じ投資哲学を持った投資家でも、ポートフォリオマネジメントが違えば結果は劇的に変わる。バフェットによるバークシャーの株式投資のマネジメントには、極端な集中と極めて長期間の保有という二つの大きな特徴がある。どちらについても、彼の考えは従来の考え方とはまったく違っている。

バフェットは、桁外れのリターンを上げるためには集中的なポートフォリオが必要だと考えている。素晴らしい投資先はまれであり、投資を始める人には、二〇個の穴が開いたパンチカードを渡して、これが生涯に可能な投資の数だということを教えておけば、投資結果は大幅に改善するだろうと繰り返し助言しているほどだ。一九九三年の年次報告書では、「私たちは、集中的なポートフォリオで運用するほうがリスクは低いと考えています。そうすれば、その事業を買う前に投資家がその事業についてより真剣に考え、その経済性についてより安心感を持って投資判断を下すことになるからです」（注8）と述べている。

バフェットのバークシャーにおける投資のパターンは、彼の保険子会社の引き受けのパターンと似ており、どちらも長期間何もしない時期がある反面、ときどきあるチャンスには大きく賭ける。バークシャーのポートフォリオでトップ五のポジションは、全体の価値の何と六〇～八〇％を占めている。ちなみに、典型的な投資信託のポートフォリオならばこの割合は一〇～二〇％にすぎない。バフェットは、これまで少なくとも四回はバークシャーの純資産の一五％以上を一つの銘柄につぎ込み、かつては投資組合の資金の四〇％をアメリカン・エキスプレスに投資したこともある。

バフェットのポートフォリオマネジメントのもうひとつの特徴は、驚くほど長い保有期間である。彼は、現在のトップ五のポジションのうち、二〇一一年に買ったＩＢＭを除く四つは平均二〇年以上保有している。これを、典型的な投資信託の保有期間が平均一年以下であることと比べてほしい。つまり、これはほとんど投資活動を行っていないも同然で、バフェット自身も「怠けているに等しいくらい何もしていない」と言っている。

この二つのポートフォリオマネジメントに関する信条を組み合わせると、投資先を厳選するための強力なフィルターになる。そして、これを通り抜けることができる会社はあまり多くない。

面白いことに、バフェットはもともと自社株買いを推奨していたが、初期のころにわずかに行った以外は、本書のCEOのなかで大規模な自社株買いをしていない唯一のCEOだ。ほかのCEOが自社株買いを称賛したり、後押ししたりしていたにもかかわらず、彼自身は自社株買いがバークシャーの組合のような独特の文化に反し、長年築いてきた誠実で率直な交流と素晴らしいリターンによる株主との絆を乱すことになると感じているのである。

そのうえで、バフェットは機会がなければ何もしない。実は、あまりないことだが（実際には二回）バークシャー株が長期間、本質的価値を下回ったことがあり、そのときはバフェットも方針を曲げて自社株買いを行おうとした――二〇〇一年の初めのインターネットバブルの最中にバークシャー株が急落したときと、同時多発テロがあった二〇〇一年九月で、簿価の一・一倍未満で大量の自社株買いをすると発表した。しかし、いずれのケースも株価は急速に回復して、結局バークシャーが大量の自社株買いをすることはなかった。

バークシャーの資本の使い方のもうひとつは、未公開会社の買収である。これは、過去二〇年間に、急速にその割合が増えており、そのクライマックスが二〇一〇年初めのバーリントン・ノーザンの大型買収だった。バフェットは、自己流かつ独特の方法で買収を行っている。表8.2で、従来型の未公開株投資会社の手法と比較してみてほしい。

バフェットは、未公開の大企業を売りたい人に魅力的で普通とはまったく違う選択肢を提供している。これは、IPO（株式公開）と未公開株の売却の中間にあたると言えるかもしれない。バークシャーに売却するということは、所有者や経営者にとってウォール街に監視されることなく経営を続けながら流動性を確保することができる類のない機会なのである。バフェットは、官僚的ではない組織と、価値ある計画への無限の資本を提供している。このパッケージは、ほかの一般の未公開株投資会社が買った場合の環

表8.2　未公開企業の買収におけるバフェットと未公開株投資会社との違い

	バフェット	未公開株投資会社
保有期間	「永久的」	５年以内
経営方針	既存のCEO	たいていは新しいCEO
レバレッジ	なし	高い
交渉の仕方	直接	入札
買収後の干渉	ほとんどない	頻繁にある
コスト削減	しない	たいていする
デューデリジェンス	大ざっぱ	広範囲に及ぶ
外部顧問の助言	なし	必ずある
報酬制度	単純	複雑

境――投資家からかなりの関与があるうえ、五年もすれば売却されてしまう――とはかなり違う。

バフェットは、入札に参加したことがない。デビッド・ソコルも、ミッドアメリカン・エネルギーとネットジェットのCEOを務めていたころに「私たちが入札騒ぎに巻き込まれることはありません」**（注9）**と言っていた。そうではなく、バフェットは業界トップクラスの未公開会社のオーナーのほうからバフェットに買収を依頼してくるという驚くべきシステムを作り上げた。彼は価格を交渉せず、売り手に希望価格を提示するよう求める。そして、それに対する返事を「たいていは五分以内に」（注10）すると約束している。このようにしておけば、売り手は許容できる最低価格を提示することになるため、バフェットは無駄な時間を割かなくてすむ。

バフェットは、通常行われるデューデリジェンスにもあまり時間を割かず、最初に連絡を受けてからたいていは二～三日という驚くべき速さで買収を決める。彼は事業の現場を見に行くこともないし、買収を決める前に経営者と会うこともめったにない。トム・マーフィーによれば、「キャピタル・シティーズへの投資は、バークシャーが行った最大の投資のひとつですが、……一五分の交渉で合意に達しました」（注11）。

ただ、権限移譲の達人であるバフェットも、資本配分の役割を委譲することはない。バークシャーには、事業開発チームや投資委員会などはなく、投資銀行や会計士や弁護士（マンガーを除いて）の助言も求めない。バフェットは、自身で分析とすべての交渉を行っているのだ。また、外部の予想などは使わずに過去の財務諸表に基づいて見通しを判断する。それができるのは、自分がよく知っている業界の会社しか買わないため、重要な数字に素早く注目してすぐに判断を下すことができるからだ。マンガーによれば、バークシャーの買収の仕方は「買収をしようとするのではなく、考える余地もないほど良い会社を待っているだけなのです」（注12）。

二つの興味深いパターン

バフェットの株式投資についてさらに深く知りたい人は、あと二つのパターンにも注目してほしい。

まずは、根っからの逆張り主義である。バフェットは、ベンジャミン・グレアムが考えた「ミスター・マーケット」の寓話をよく引用する。「気の良い『ミスター・マーケット』は毎日、株式を売り買いしてもらうために値段を提示してきます。……彼が情緒不安定になっているときは、投資家のチャンスが広がります」（一九七七～二〇一一年のバークシャー・ハサウェイ年次報告書）という具合である。バフェットは、ミスター・マーケットがひどく落ち込んでいるときは計画的に買っていく。バークシャーは、その業界や会社で何らかの危機が起こり、強力な事業の価値を歪めているときに株式市場で大量に買うことが多い。

表8.aはこのパターンを示している。

二つ目のパターン（**表8.b**）は、その会社で経営や戦略の大きな変化があったときに投資していることである。バフェットは、優れた「フランチャイズ」を持ちな

表8.a

企業名	最初の投資	逆張りの理由
アメリカン・エキスプレス	1964年	サラダオイル事件
ワシントン・ポスト	1973年	政府の免許更新妨害
ガイコ	1976年	支払い不能に陥る可能性
ウェルズ・ファーゴ	1989年	南カリフォルニアの不況と不動産危機
フレディ・マック	1989年	不況と貯蓄貸付組合危機
ゼネラル・ダイナミクス	1992年	冷戦後の防衛産業の落ち込み

表8.b

企業名	投資時期	経営・戦略の変更
ガイコ	1976年	主力の保険事業に専念、新CEO、以前から保有
ゼネラル・フード	1979年	主力ブランドに集中、新CEO、自社株買い
コカ・コーラ	1988年	主力事業以外の売却、自社株買い、比較的新しいCEO
ゼネラル・ダイナミクス	1992年	売却、自社株買い、新CEO
アメリカン・エキスプレス	1994年	リーマンを売却、新CEO、以前から保有

がらほかの低リターンの事業に投資している会社をゴルフのプロアマ戦に例えて、「アマチュアが全員ダフっても、プロの実力によってベストボールには立派なスコアが記録されるのと同じことです」（一九八九年のバークシャー・ハサウェイ年次報告書）と言っている。しかし、もし新しい経営陣がチームからアマチュアを外して再び主力事業に集中し始めれば、バフェットも再びこの会社に注目するのである。

バフェットは、彼の世代における最高の投資家であるばかりではなく、バークシャーというさまざまな事業が混在し、拡大を続ける経営ポートフォリオの極めて効果的なマネジャーでもある。過去一〇年間に、バークシャーはＥＰＳ（一株当たりの利益）が大幅に上昇したが、その規模と多様性にもかかわらず、この会社は驚くほど効率的に運営されている。そのことは、有形資産収益率が常にフォーチュン五〇〇社のトップ二五％に入っていることからも分かる。

しかし、バフェットはどのようにしてこのような成果を上げているのだろうか。彼は外見は何の変哲もないが、実はまったく型破りのCEOなのである。このことは、ジャック・ウェルチ——中央管理の戦略（シックスシグマなど）を使い、CEOを入れ替え、出張や会議を激しいペースでこなしてGEを繁栄させた人物——の手法と比較するのが最も分かりやすいのかもしれない（表8.3）。二人の経営スタイルほど劇的に違うものはない（ただし、バフェットはウェルチの能力には深い敬意を払っている）。

バフェットは、事業経営の経験がまったくないままCEOに就任したため、自分は資本配分に専念できるように意識的にバークシャーを構築した。彼は、自分が事業経営に価値ある助言ができるとは考えていないため、そこにはできるだけ時間を割かないようにしている。その結果、バークシャーは極めて分権化された組織になった。テレダインやキャピタル・シティーズなど本書に登場する会社はみんな経営スタイルと経営哲学が分権化されているが、管理のなさにおいてはバークシャーにはるかに及ばない。

バークシャーは社員が二七万人を超える大企業であるにもかかわらず、オマハの本社にはわずか二三人しかいない。そして、この会社には定期的な予算会議もない。子会社を経営するCEOは、彼らのほうから助言を求めるか資本投資を受けたい場合以外、バ

表8.3　ウェルチとバフェットの経営手法の違い

	ウェルチ	バフェット
収益パターン	スムーズ	でこぼこ
社員数	40 万人	27 万人
本部の社員	数千人	23 人
出張	多い	ほとんどない
主な活動	会議	資料を読む
IR 活動	多い	なし
仕事中の雰囲気	騒がしい、多忙	静か、予定を立てない
経営陣の入れ替え	頻繁	ほとんどない
オフサイト会議	頻繁	ない
戦略的計画	定期的	ない
株式分割	ある	ない

フェットから連絡を受けることはない。彼は、この経営手法について「良い人を雇い、管理はしない」と表現している。バフェットは、この極端な分権化によって、人件費を減らし、起業家的エネルギーを解放することで、組織全体が効率化されていると考えている（注13）。

序章で少し触れたが、バフェットは一九八六年のバークシャーの年次報告書のなかで、組織由来の旧習という驚くほど強力な力――経営者を、

同業他社と同じことをしなければならないという気持ちにさせる力――を発見したと書いている。そこで、彼はよく引用するチャーチルの言葉を意識して、意図的に自分の会社と人生からこの旧習の影響を排除するようにしている。バフェットは、時間の使い方もほかのフォーチュン五〇〇社のＣＥＯとは違い、不要な予定はできるだけ入れないようにして邪魔されずに読み物（日刊紙五紙と無数の年次報告書）と考え事の時間を確保するようにしている。彼は、真っ白な予定表と定期会議がないことに誇りを持っている。また、事務所にはパソコンも株価ボードもない。

バフェットの投資家向け広報活動も独自の方法で行っている。バフェットによれば、平均的なＣＥＯは約二〇％の時間をウォール街との交流に費やしている。しかし、バフェットはアナリストとは話をせず、投資家会議にも出席せず、四半期ごとの収益見通しも発表しない。独自の詳細な年次報告書と株主総会を通じて投資家と交流することを望んでいるからだ。

バークシャーの年次報告書はコーティングもしていない普通紙に単色で印刷したもので、ほかの会社のそれとは見た目からしてかなり違う。この報告書の核となるのは、バフェット自身による長い文章で（キャロル・ルーミスが編集協力をしている）、ここにはバークシャーのさまざまな事業の過去一年間の動きが細かく記されている。この報告書は、率直かつ形式ばらないスタイルで、簡潔かつ明瞭に各事業の詳細な情報と「オーナーズ・マニュアル」が書かれている。「オーナーズ・マニュアル」には、バフェットとマンガーの独特な経営哲学が明確に記されている。

年次総会も非常に変わっている。総会の事務的な部分は通常一五分以内で終わり、そのあとはバフェットとマンガーに対する質疑応答になるが、これが五時間に及ぶこともある。総会には大勢の株主が詰めかけるため(二〇一一年は三万五〇〇〇人以上が参加)、バフェットはこれを「資本主義のウッドストック」(注14)と呼ぶこともある。年次報告書と株主総会は、質素、自立的思考、長期にわたる受託責任といったバークシャーの強力な文化を強化する場でもある(さらに言えば斬新さとユーモアも――一九九〇年代初めに柄にもなく社用機を買ったときは、笑えるほど小さな文字で開示したうえで「弁解の余地がない」と語った)。

株主にとって、もう一つ変わっているのが株式分割である。バフェットがバークシャーのA株を分割しないことはよく知られているが、この株は現在NYSE(ニューヨーク証券取引所)で最も高い一二万ドル(一株)で取引されており、第二位の高額な銘柄の五〇倍以上の価格が付いている。彼は、分割はうわべだけのことで、ピザを八枚に分けても四枚に分けてもカロリーは同じ、つまり資産価値は変わらないと言っている。ちなみに、分割をしないことは、長期的なオーナーを絞りこんでいくためのフィルターにもなっている。しかし、一九九六年に彼はしぶしぶ低価格のB株の発行に同意した。この株はA株の三〇分の一の価格でトレードされており、NYSEで二番目に高額な銘柄になっている。その後、二〇一〇年初めにバーリントン・ノーザンを買収したとき、バフェットは同社の投資家の持ち分に合わせてB株をさらに五〇株に分割することにも合意した。

これらのことをすべて合わせると、事業戦略や投資戦略よりもはるかに強力な何かが生まれる。それがバフェットが作り上げた特別な世界観なのである。この世界観の核となるのは、優れた人たちや優れた会社との長期的な関係であり、不要な人事異動によって長期的な価値を創出する基となる強力な複利の経済性を阻害しないことでもある。

実際、バフェットはできるだけ現状を変えないことを最大の目標としている経営者・投資家・賢人と理解するとよいのかもしれない。バークシャーの数多くの因習打破的な方針には、すべて最高の人材や会社を選び、資金や人（経営者でも投資家でも株主でも）を大きく動かすコストをかけないという共通点がある。バフェットとマンガーは、最高の仲間を選んで不要な変更をしないという禅のような説得力のある理論で動いている。そして、これは金銭的に桁外れのリターンにつながるだけでなく、よりバランスのとれた人生を送ることにもつながっている。彼らから学ぶべきことは数多くあるが、なかでも重要なのが長期的な関係がもたらす力なのかもしれない。

バフェットとサーベンス・オクスリー法

バフェットの企業統治の手法もほかとは変わっており、サーベンス・オクスリー法の規定と矛盾することが数多くある。バフェットは取締役会について、比較的少人数（バークシャーは一二人）の経験豊富な事業家で構成し、それぞれが多数の株を所有していることが望ましいと考えている（バフェットは、取締役が個人的に相当数のバークシャー株を所有することを要求している）。彼は、間違った判断を下したときにその影響が取締役自身にも及ぶべきだと考えている（バークシャーでは、取締役のための保険を負担しない）。また、取締役はその報酬（バークシャーの場合は最低額）に依存すべきではないとも考えている。

しかし、そうすると取締役会はサーベンス・オクスリー法の基準で言うところの少人数の「インサイダー」の集まりになってしまい、これはほとんどの上場企業の取締役会とは著しく違う。後者には個人的に相当数の株を所有している取締役はほとんどおらず、損害を被ったとしても保険で限定されており、報酬はその人の収入の大きな割合を占めている。どちらの手法のほうが株主の利益に沿った判断を下せるだろうか。

第9章

急進的な合理主義――アウトサイダーの考え方

「あなたが正しいのは、他人が同意したからではなく、しっかりとした事実と理由があるから」――ベンジャミン・グレアム

「自分の頭で考え抜くことができることこそが、彼をリーダーたらしめる」――ウィリアム・デレズヴィッツ（米国陸軍士官学校の新入生に向けた二〇〇九年一〇月の講演より）

少し話を戻して、アウトサイダーCEO（最高経営責任者）に一ドルを投資したときの結果を、それぞれの同業他社と幅広いマーケット、そしてジャック・ウェルチと比較してみよう（図9.1）。

なかなかのものである。これらの数字は並外れた経営者の業績を物語っており、説明は必要ない。ただ、この驚くべき結果は、ほとんどが前世紀に記録されている。そこで問題となるのが、これらのCEOたちの経験や教えが、今日の目まぐるしく変化する競争社会においても経営者や投資家にとって有効なのかどうかということである。その答

図9.1　1ドルの投資結果

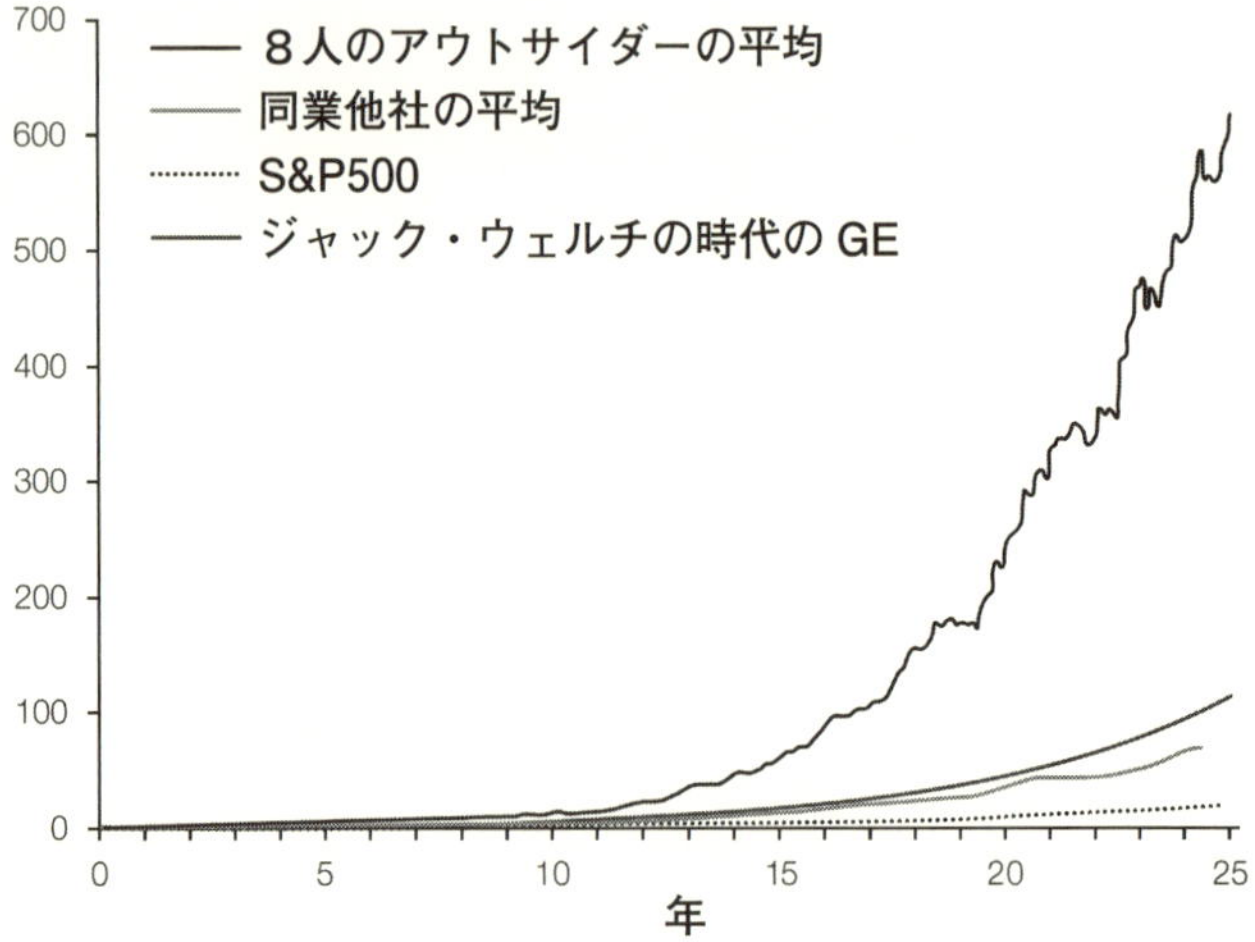

えは、最近の二つの例――ひとつは小企業（プリペイド・リーガル）でもうひとつは大企業（エクソンモービル）――が実証している。

プリペイド・リーガル・サービスは、個人や企業向けに法律サービスを提供する会社で、最近まで上場していた。このサービスは実質的な保険商品で、年間保険料を支払う代わりに、裁判、不動産、信託、遺言などにかかわる幅広い法律にかかわるサービスを受けることができる。これは一九七〇年代に考案されたサービスで、プリペイド・リーガルは一九八〇年代から一九九〇年代にかけて急成長した。この会社の面白いところは、最初に力強く成長したあと、この一〇年間の収益がほぼ水平に推移していることである。

株式市場のリターンは、急成長のあとに突然しばらく平坦な時期があるというパターンが昔から続いている。しかし、同じ時期にプリペイドの株価は四倍に増え、株式市場全体と同業他社のリターンを大幅に上回った。彼らは何をしたのだろうか。一九九九年末から、CEOのハーランド・ストーンサイファーは自社の市場が成熟期に入り、追加投資をしても高いリターンは見込めないことに気づいた。彼は取締役会（上場会社には珍しく、数人の大口投資家が入っている）にせき立てられてフリーキャッシュフローを最大化するための体系的かつ積極的な計画と、株主に資本を体系的に還元するための積極的な自社株買い戻し計画に着手した。それから一二年で、ストーンサイファーは発行済み株数の五〇％以上を買い戻し、株主と株式市場に称賛されつつ二〇一一年六月に、この会社を未公開株投資会社に大幅なプレミアムを乗せて売却することで合意した。

ただ、プリペイド・リーガルは小規模な非公開会社なので、もうひとつ、大企業の例も見ておくべきだろう。次は本物の大企業で、世界最大の時価総額を誇るエクソンモービルである。一九七七年以来、エクソン（のちのエクソンモービル）は投資家にマーケットと同業他社を大きく引き離す一五％（年率複利）という驚くべきリターンを提供している。同社の規模を考えると、これは本当にすごいことなのである。この会社の経営者がどのようにしてこれを達成したのか調べてみると、アウトサイダーCEOとの類似点が目に付く。際立ついくつかの教えを紹介していこう。

計算を怠らない

アウトサイダーCEOは、最初に必ずどれくらいのリターンが見込めるのかと考える。投資計画は必ずリターンを生み出し、それにかかわる計算は小学校五年生でもできるが、本書のCEOは必ずその計算を行い、保守的な前提で考え、魅力的なリターンが見込める計画のみ実行する。彼らは重要な前提条件に注目し、詳細すぎるスプレッドシートは信用せず、部下や顧問に任せずに自ら分析を行う。アウトサイダーCEOは、資金計画の価値はプレゼンテーションのページ数ではなく、前提条件の質で決まると考えており、重要な数値を簡潔な分析表にまとめた一枚の紙で判断を下す。

ダニエル・カーネマンは、最近の名著『ファスト＆スロー――あなたの意思はどのように決まるか？』（早川書房）のなかでノーベル賞を受賞した三〇年に及ぶ研究に基づいて人の意思決定の仕組みを説明している（注1）。カーネマンの理論によれば、思考には二つの異なるシステムがある。システム一は純粋な直感的パターン認識モードで、どのような状況でも経験則に照らして素早く判断することができる。一方、システム二はもっと複雑な分析を使い、ゆっくりと熟考したうえで判断に至る。そして、システム二はシステム一よりも優先される。ただ、システム二には時間と労力が必要なので、私たちはあまりこれを使っていない。

カーネマンによれば、システム二を使うためのカギとなるのは、触媒またはトリガーであることが多く、アウトサイダーCEOにとってはこの一見単純な「一ページ」の分析が、たいていはその機能を果たしている。彼らは、必ず経験に基づいたデータに注目することで、分別なくみんなに従ってしまうのを阻止している。彼らの常識に逆らった行動は、アウトサイダー企業では広く蔓延している。ヘンリー・シングルトンのテレダインでCOO（最高執行責任者）を務めたジョージ・ロバーツは、フォーブス誌のインタビューで「資本に関する規律は当社の経営陣に深く浸透しており、低リターンの企画を提案する人はほとんどいません」（注2）と語っている。

エクソンモービルにも、ＣＥＯのレックス・ティラーソンと気難しい前任者のリー・レイモンドのリーダーシップの下で、似たような規律――資本投資にかかわる計画は最低二〇％のリターンが期待できるものでなければならない――がある。直近の金融危機でエネルギー価格が下がると、ティラーソンと経営陣はウォール街のアナリストから生産水準を下げたことを批判された。しかし、彼らは直近の利益が下がることになっても、不十分なリターンのためにさらなる原油をくみ上げることを断固として拒否したのだった。

大事なのは分母

ＣＥＯは、一株当たりの価値を最大化することに集中する。そのためには分子、つまり全体的な企業価値のみに注目するのではない。ちなみに、企業価値は高すぎる買収を行ったり、経済性がない内部の資本投資を行ったりすることでも増やすことができる。そこで、彼らは投資計画や好機を狙った自社株買いなどの厳選した投資計画によって意図的に分母も管理している。自社株買いをするのは、株価を上げるためでもオプションに引き当てるため（最近の自社株買いでよくある理由）でもなく、それ自体が魅力的なリターンをもたらす投資だからである。

主要なエネルギー企業のなかで、エクソンモービルだけが積極的に自社株買いを進め、過去五年間で発行済み株数の二五％を買い戻した。リーマンショック後の低迷期にもかかわらず、自社株買いのペースを加速していたのである。

気骨ある独立性

アウトサイダーCEOは権限を委譲する達人で、極めて分権化された組織を運営し、運営判断を現場に近いレベルに委ねている。しかし、資本配分の判断だけは人任せにしない。チャーリー・マンガーは私に、彼らの会社は「極めて分権化された事業運営と極めて集中管理された資本配分のおかしな組み合わせ」だと話してくれた。この委譲と階層という緩さと締めが混在していることが、組織由来の旧習に対する強力な反撃になっている（注3）。

自分自身で考えることに加えて、彼らは外部顧問の助言にほとんど頼らずに行動することができる。ジョン・マローンは真昼の決闘さながらに、ＡＴ＆Ｔの経営企画部の連中や弁護士、会計士の一団を相手に、ひとりで交渉した。ビル・スティーリッツは、数十億ドルの案件のデューデリジェンスの会議に、黄色いレポートパッドを一冊携えてひとりで参加した。そして、ウォーレン・バフェットは、相手企業を訪れることもなく、一日で買収を決めてしまう。

カリスマは過大評価されている

アウトサイダーＣＥＯは、自己宣伝をまったくせず、投資家向けの広報活動にかける時間も同業他社と比べてはるかに少ない。彼らは収益見通しを示さないし、ウォール街の会合にも出席しない。彼らはみんな外向的ではなく、過度にカリスマ化もされていない。つまり、彼らはジム・コリンズの名著『ビジョナリー・カンパニー２――飛躍の法則』（日経ＢＰ社）で言うところの謙虚な素質を持っている。彼らはスポットライトを求めないし、たいていはそれを引き付けるタイプでもない。しかし、彼らのリターンは、その内向性を補って余りある。

ティラーソンは、エクソンモービルの主な資本配分の判断にすべてかかわっている。彼は業績報告や投資家会議に出席することがほとんどなく、ウォール街のアナリストの間ではその簡潔な話し方で知られている。

ワニのような性格と忍耐強さの共存

規模を追求してケーブル会社を買い続けたマローンを除き、アウトサイダーＣＥＯはリターン計算で武装し、最高のチャンスが訪れるまで長い間待つことができる（ゼネラル・シネマのディック・スミスは一〇年待った）。キャサリン・グレアムをはじめ、彼らの多くは買収合戦が起こっているときには一歩引いて高すぎる「戦略的」買収をせず、そのことが株主に莫大な価値をもたらした。

ちなみに、エクソンモービルも最近まで一〇年以上大きな買収を行っていなかった。

……しかし、ときどき大胆な行動に出る

これまで見てきたように、このような経験主義と分析を重視する傾向が臆病な態度につながっていないことは興味深い。実際はその反対で、彼らは魅力的なリターンを生む計画を見つけると、大胆かつ目にも止まらない速さで行動することができる。アウトサイダーCEOは、みんな少なくとも一回は自社の価値の二五％以上に相当する買収を行っている。トム・マーフィーに至っては、自社よりも大きい会社（ABC）を買収した。エクソンも、一九九九年（原油価格が歴史的に安くなっていたとき）にライバル会社で自社の五〇％以上の価値があるモービル・コーポレーションの買収という快挙を成し遂げた。

どのような件でも常に合理性と分析に基づいて判断を下す

アウトサイダーCEOは資本の執刀医で、常に手持ちの資本を最も効率的で最も高いリターンの計画に振り分けていく。このように安定的に価値を改善する判断を下してい

くことと、価値を損なう判断を避けていくこと（どちらも同じくらい重要）を規律を持って続けていくことが長期間に株主の価値に与える影響はかなり大きい。この型破りな考え方は、それ自体が彼らの会社にとって強力かつ持続可能な競争力となっている。彼らは偏光レンズを通したように同業他社の派手な動きや常識をカットし、現実的かつ本質的な経済性のみを見て、判断を下すことができるのである。

彼らの実用的な分析的手法による明瞭さと効率性を示す例は本書のいたるところにちりばめられている。彼らもその社員も、それぞれが求めていることを正確に理解している。そして過度に分析したり型にはめたり外部のコンサルタントや銀行に自分の考えを確認したりせずに、チャンスをつかみ取っていく。ラルストン・ピュリーナでビル・スティーリッツの長年の補佐官を務めたパット・モケイヒーいわく、「私たちは、何に集中すべきかが分かっていました。ただそれだけのことです」（注4）。

二〇〇九年にバロンズ紙に掲載された記事には、エクソンモービルの「独特な」企業文化について「エゴを犠牲にして執拗にリターンを追求する」（注5）と書かれている。この質素な文化が並外れた結果を生み出し、エクソンモービルが過去二五年間、石油・ガス業界トップの資本利益率を誇ってきたことは偶然ではないのである。

長期的な視点

アウトサイダーCEOはもともと質素であると同時に、自分の事業に投資して長期的な価値を生み出そうと考えている。そのために、彼らは四半期の収益予想を出さず、ウォール街のアナリストや、短期的な見方ばかり紹介する耳障りな経済ニュース番組（スクワークボックスやマッドマネーなど）とはかかわらない。トム・マーフィーが、新しい印刷工場を建設するために突出した設備投資を行ったときや、ジョン・マローンが一九九〇年代末に高額な最先端のケーブルボックスを買ったとき、彼らは短期的な収益が損なわれることを理解したうえで、顧客サービスを改善して長期的な競争力を維持した。

このような長期的な視点は、人とは反対の行動につながることがよくある。異論を呼んだ減産の決定にもかかわらず、金融危機のさなかには主要エネルギー企業のなかでエクソンモービルだけが長期的な価値を見越して資源探査への投資を断固として継続した。二〇〇九年初めに、エネルギー価格の下落に伴ってほかの大手プレーヤーがカナダのオイルサンド事業を縮小したときも、エクソンモービルは直近の収益が下がってもカナダ・アルバータ州の大規模な掘削事業を推進した。

予言

今日の、企業キャッシュフローの記録的な多さと、金利とＰＥＲ（株価収益率）の低さは、積極的な資本配分の歴史的なチャンスとなっている。この状況は、特に大手優良テクノロジー企業――シスコ、マイクロソフト、デルなど――に言える。これらの企業は、今でも創設時の経営陣が残っていて、莫大な現金を保有しており、ＰＥＲの倍率は一桁という空前の低さになっている。私は、これらの企業のどれかがこれまでの研究開発投資を重視する姿勢を転換して、自社株買いや配当を劇的に増やしてリターンを最大化するのではないかと思っている。もしそうなれば、マーケットはそれを歓迎するだろうし、かつてそれを実行したＣＥＯのひとりであるヘンリー・シングルトンならばチャンスの到来を揉み手で歓迎するだろう。

ストーンサイファーとティラーソンの実績とは対極をなすパフォーマンスを記録したのが、アメリカ最大の金融機関であるシティグループだった。二〇〇〇年代半ばの住宅ローンとレバレッジがピークに達するなかで、当時CEOだったチャック・プリンスの「音楽が演奏されているかぎり踊り続けなくてはならない」（注6）という発言はよく知られている。彼は、常識、つまり組織由来の旧習に惑わされ、株主とともに踊りながら崖を転落していった――二〇〇七年には四〇ドルだった株価が二〇〇九年初めには三ドル以下まで下落したのだ。この生きた心地がしないようなマーケットと業界のなかで、プリンスはS&P五〇〇と同業他社の両方を下回るパフォーマンスを記録したのである。

アウトサイダーCEOと彼らの会社のパフォーマンスの違いを際立たせているのは、二つの独特な考え方である。ストーンサイファーやティラーソンのようなアウトサイダーCEOは、みんなが下がっているときにダンスを踊り、音楽が最高潮に達しているときは壁に張り付いている。彼らは頭脳派のあまのじゃくで、リターンが気に入らなければいつまでも壁の花でいる。

さまざまな業界やマーケットの状況において、彼らがそれぞれ守っているいくつかの原則は驚くほどよく似ている。基本的に、ストーンサイファーとティラーソン、そしておなじみのアウトサイダーCEOたちは、同業者とはいつも反対に進むことで、桁違いのパフォーマンスを上げてきた。**表9.1**が示すとおり、アウトサイダーたちはみんな実質的に同じ青写真――配当金を払わず、規律を持って買収し（ときには大型案件もある）、レバレッジは厳選して使い、自社株を大量に買い、節税に徹し、分権化された組織を運営し、報告利益よりもキャッシュフローを重視する――に従って進んでいる。

ここでも、大事なことは自分の手札でどうプレーするかだが、アウトサイダーCEOがみんな同じ手札を持っていたわけではない。彼らの環境はさまざまだったのだ――ベルリンの壁が崩壊したあとでビル・アンダースが直面していた状況と、ジョン・マローンがTCIのCEOに就任した一九七〇年代初めのケーブルテレビブームの時期とは似ても似つかない。しかし、カギとなるのは、与えられた環境で最適化するということである。高校のアメリカンフットボール部のコーチは、毎年メンバーが入れ替わっていくチームに合わせて戦略を変えていくし（クォーターバックが力不足ならばボールを持って走るなど）、レパートリー劇場の責任者ならば、所属する俳優の組み合わせを見ながら演目を決めなければならない。

このようなときに用いる厳密な公式や絶対的なルールはない。自社株買いをしたり、

表9.1　共通する世界観

	初めてのCEO就任	配当	30%以上の自社株買い	自社の価値の25% 以上の買収を行う	分権化された組織	ウォール街への情報提供	特異な基準	節税への関心
ヘンリー・シングルトン	√	なし	√	√	√	なし	テレダインのリターン	高い
ウォーレン・バフェット	√	なし	—	√	√	なし	フロート	普通〜高い
トム・マーフィー	√	少ない	√	√	√	なし	キャッシュフローの利益率	普通〜高い
ジョン・マローン	√	なし	√	√	√	なし	EBITDA	高い
ディック・スミス	√	少ない	√	√	√	なし	現金収入	高い
ビル・アンダース	√	少ない・特別配当	√	√	√	なし	投資利益率（現金）	高い
ビル・スティーリッツ	√	少ない	√	√	√	なし	内部収益率	高い
キャサリン・グレアム	√	少ない	√	√	√	なし	内部収益率（現金）	普通〜高い

買収をしたり、一歩引いて傍観することが必ず理にかなっているとは限らないからだ。資本配分の正しい判断は、その時点の状況によって変わってくる。だからこそ、ヘンリー・シングルトンは柔軟性が必須だと考えていた。アウトサイダーCEOたちはみんな、ビジネス界特有の不確かさに対して詳細な戦略計画ではなく、忍耐と合理性と実用的な柔軟性で対処していた。

彼らの具体的な行動は、共通点が多い彼らの考え方から生じたもので、それらを合わせればCEOが成功するための新しいモデルとなる。ここには企業の資源を最適化する経営を行うということが中心にある。アウトサイダーCEOはみんな並外れた才能を持った人たちだが、彼らが同業他社よりも勝る点は知性ではなく気質なのである。彼らが基本的に重視しているのは明敏な判断で、彼らの文化は、一見昔風の美徳とも言える質素さや忍耐、独立心、たまの大胆さ、合理性、論理性などを大事にしている。

彼らの型破りの手法は、さまざまな業界やマーケット状況においても強固な競争力を生み出している。**表9.2**が示すとおり、彼らは一種の急進的な合理主義を実践してきた。彼らは高給取りの社員の視点ではなく、投資家やオーナーの長期的な展望を持って経営を行っている。これがほとんどのCEOとの違いなのである。

表9.2　因習打破的プロファイル

	アウトサイダー CEO	同業他社の CEO
経験	ほとんどないまま初めてCEOに就任	経営者として１万時間の経験がある
主な活動	資本配分	事業運営と社外交流
目的	１株当たりの価値を長期的に高める	成長率
主な基準	利益率、リターン、フリーキャッシュフロー	収益、報告利益
個人的な資質	分析好き、質素、独立心がある	カリスマ的、外向的
展望	長期的	短期的
動物に例えると	キツネ	ハリネズミ

最初の質問に戻ろう。アウトサイダーCEOの経験と教えはだれにとって有効なのだろうか。簡単に言えば、あらゆる経営者や会社オーナーにとって有効だ。しかも、うれしいのは、マーケティングや技術の天才でなくても、カリスマ的なビジョンを持っていなくても、極めて効果的なCEOになれることである。ただ、資本配分を理解し、会社の資源をどのように使えば株主のために最大の価値を生み出すのかということを慎重に考える必要がある。そして、常にどのようなリターンが得られるのかと自問し、保守的な前提でも魅力的なリターンが得られる計画の

みを推進しなければならない。また、ときには同業他社と違う道を進むための自信を持たなければならない。このような原則に従っている経営者や起業家は、合理性を追求し、自分自身のために考え、自分に配られた手で最高の成果を生み出していく。そして、それが株主を喜ばせることにつながるのである。

結び　老犬の常とう手段

「もしみんなが冷静さを失って君を非難しても、君が冷静さを失わなければ……」
――ラドヤード・キップリング（『もし』）

科学者のルイ・パスツールは、「チャンスは……備えある者に訪れる」と言う言葉を残しているが、最後に今でも現役で活動している二人のアウトサイダーCEOであるウォーレン・バフェットとジョン・マローンが二〇〇八年九月のリーマンショック以降の金融危機でどのようなかじ取りをしてきたのかを見ていこう。

想像はつくだろうが、二人とも同業他社とは劇的に違う道を進んだ。ほぼすべてのアメリカ企業が傍観に徹し、資金を温存し、悪化する財務内容をやりくりしているときに、冬のライオンたちは積極的に獲物を探していたのである。

比較的長期間、目立った活動をしていなかったバフェットは、二〇一一年の同時多発テロの余波のあと、長い投資生活のなかでも最も活発な時期のひとつを迎えていた。二〇〇八年第4四半期以来、彼はさまざまな事業に八〇〇億ドル以上を投資している。ちなみにそのうちの一五〇億ドル以上は、リーマン崩壊後二五日以内に投資している。

●ゴールドマン・サックスとゼネラル・エレクトリックから転換優先株を購入（八〇億ドル）。
●コンステレーション・エナジーを含む複数の普通株を購入（九〇億ドル）。
●マーズのリグリー買収（六五億ドル）、ダウ・ケミカル（三〇億ドル）などへのメザニン融資。
●さまざまな破綻債権を市場で購入（八九億ドル）。

●バークシャーが行った最高額の買収で、バーリントン・ノーザンの所有していなかった七七・五％を買収（二六五億ドル）。
●添加剤大手の上場企業ルーブリゾールを買収（八七億ドル）。
●ＩＢＭ株に相当額（一〇九億ドル）の投資を発表。

同じ期間に、ジョン・マローンはＴＣＩ時代にスピンアウトして苦境に陥っていた多くの番組制作会社に積極的に資本配分するための大規模な取り組みを静かに始めていた。金融危機のさなかに、マローンは次のような手を打っていた。

●衛星放送サービス会社ディィレクＴＶに「レバレッジによる資本成長」戦略を導入して、借入金で積極的に自社株買いをした（過去二四カ月で発行済み株数の四〇％以上を買った）。
●かつてリバティの一部だった企業に対する一連の行動。このなかには、ケーブルテレビ局スターツ傘下のアンコールのスピンオフや、リバティ・キャピタル（さまざまな上場会社や未公開会社を傘下に持つ企業）とリバティ・インタラクティブ（QVCやその他のショッピング・ネットワークなどを傘下に持つ企業）のデットエクイティスワップなどが含まれている。

●二〇〇九年初めにマーケットが底を打ったとき、リバティ・キャピタルを通じて破綻企業だが極めて魅力的な衛星ラジオのシリウス・ブロードキャスティングを買い、支配権を握った。また、二〇一〇年の第2四半期には、リバティ・キャピタルの一一％分の自社株買いをした。

●リバティの外国企業を束ねるリバティ・グローバルを通じて、同社最大の買収となったドイツのケーブル会社のユニティメディアを五〇億ユーロ以上（キャッシュフローの七倍未満）で買うと同時に、同社が所有していた日本最大のケーブル会社をキャッシュフローの九倍で売却した（この売却益は、同社の巨額の純営業損失と相殺して非課税とした）。また、リバティ・グローバルでも積極的に自社株買いを進め、過去五年間で株式の半分以上を買った。

やれやれ。アメリカ企業がほとんど凍りついていたときに、二人のしたたかなCEOはすさまじいまでにケインズ主義的な血気にはやっていた。彼らはまさにバフエットが言うとおり、ライバルがひどくおびえているときに、貪欲に活動していたのである。

エピローグ――応用例とチェックリスト

最後に、アウトサイダーの手法を別の状況で使った例で考えてみよう。

仮に、あなたはバゲットと菓子パンが自慢の高級ベーカリーの経営者で、店はかなり繁盛しているとする。この店の成功の秘訣は、イタリア製の特注オーブンにあるが、現在、生産が注文に追いつかないという贅沢な悩みを抱えている。

事業を成長させるには、二つの選択肢がある。隣の店を買い取って店を拡大し、二台目のオーブンを買うか、別の場所に二件目の店を開くかで、いずれにしても新しいオーブンは必要になる。市内の別の場所にあるライバル店は、最近店舗を拡大して大成功しているし、上場しているパン会社が既存の店舗を拡大することで成長していったという話を最近読んだばかりだ。常識的に考えると、店舗を拡大するのが正しい道のように思えるが、もう一度落ち着いて計算してみることにした。

あなたはまず二つのシナリオについて、保守的だと思える前提で初期費用と期待収益と利益を計算してみる。次に、それぞれのリターンを計算する。まずは店舗拡大のシナリオを見ていこう。

最初に、個人的なハードルとして、最低でも二〇％のリターンが期待できなければ計画は実行しないと決めておく。計算してみよう。新しいオーブンを購入すれば五万ドルかかる。既存の店舗を拡大するにはさらに五万ドルがかかるが、人件費と材料費とそのほかの運営費を引いた年間利益は二万ドルの増加が見込める。つまり、一〇万ドルの初期費用（オーブンと店舗拡大）に対して年間利益は二万ドル増えるため、期待リターンはハードルと同じ二〇％となる。

次に、新店舗のシナリオを考えてみよう。初期費用は、オーブンの五万ドルと建設費の一五万ドルがかかる。新店舗での予想は難しいが（市内の別の場所で、さまざまな条件が違うため）、年間利益を五万ドルから七万五〇〇〇ドルと見積もった。つまり、初期費用の二〇万ドルに対して二五～三七・五％のリターンが期待できる。このリターンは、低いほうをとっても明らかに最初のシナリオよりも高い。ただ、判断を下す前に、もう少し重要な数字について考えてみてほしい。

●新しい店舗は市内の別の場所にあり、売り上げ予想が既存の店舗のそれよりは外れるリスクが高い。今の予想はどれくらい信頼できるのか。

●リターンの差は、新店舗の不確定要素を十分補えるのか。

●新店舗には、既存の店舗を拡大するよりも二倍の費用がかかる。追加の一〇万ドルは調達できるのか（もしできるならばそのコストはどれくらいか）。

●反対に、新店舗にはそのほかのメリットはないのか。例えば、事業を多角化しておけば、既存店の売り上げが下がったときの保険にならないだろうか。

●二件目の店舗を開店することは、将来会社を大きくするための洞察を与えてくれるのではないだろうか。

これらは、企業の規模にかかわらず経営者や起業家が毎日直面する資本配分にかかわる課題と判断だ（ただし、大企業は答えを出すためにたいていコンサルタントや投資銀行を雇っている）。そして、効果的な判断を下すためには、フォーチュン五〇〇社のCEO（最高経営責任者）でもパン屋の店主でも同じような手法や分析に基づいた思考が必要となる。

このアウトサイダー的な手法は、地域の会社でも、大企業の取締役会でも、さほど複雑なことではないように見える。それならなぜみんなそれをしないのだろうか。それは、これが見かけよりも難しいからだ。同業他社から逸脱し、組織由来の旧習を無視するのは簡単ではない。ビジネスの世界には、仲間からのプレッシャーがいっぱいの高校のカフェテリアに似たところがたくさんある。特に、危機的な時期には、行動主義者が言うところの「社会的証明」が欲しくて、周りと同じことをしようとするのが自然で直観的な反応だろう。今日のソーシャルメディアやインスタントメッセージや耳障りなテレビ番組が氾濫する世界では、雑音を切り捨て、一歩引いてカーネマンのシステム二（最近よくニュースで見かける便利なツール）を使うことがますます難しくなっている。

アウトサイダーのチェックリスト

チェックリストが、幅広い分野（航空でも医薬でも建設でも）で極めて効果的な意思決定ツールだということは実証されている。これは単純なのに強力なツールで、アトゥール・ガワンデの最近の名著『アナタはなぜチェックリストを使わないのか？』（晋遊舎）の影響もあって注目が集まっている（**注1**）。チェックリストは、「選択の構築」の効果的な形であり、分析と合理性を促し、複雑な判断の焦点を曇らす雑念を排除してくれる。これは体系的にシステム二に取り組む助けになり、ＣＥＯにとっては、常識や組織由来の旧習に感染しないための極めて有効なワクチンになる。

ガワンデは、リストは一〇項目以内にするのが良いと言っている。それに倣い、最後にアウトサイダーＣＥＯたちの行動を参考にして、効果的な資本配分を行うための（そしてできれば価値を破壊する判断を避けるための）チェックリストをまとめておく。

一．資本配分の判断は、財務部門や企画部門などに任せないでＣＥＯが主導する。

二．最初にハードル、つまり投資計画で許容できる最低リターンを設定する（ＣＥＯが下す最も重要な判断のひとつ）。

コメント　ハードルとなる利率は、その会社で実行可能な計画を参考にして決める。通常は、自己資本コストや借り入れコスト（たいていは一〇％台半ば以上）を上回る値にすべき。

三．内部投資と外部投資の選択肢すべてのリターンを計算し、リターンとリスクが高い順に並べてみる（計算は正確をきさなくてもよい）。ただ、保守的な前提で計算する。

コメント　リスクが高い計画（例えば買収など）には、高いリターンを課す。「戦略的」という形容詞には気をつける――企業用語で低リターンを意味することが多い。

四．自社株買いをした場合のリターンを計算する。買収のリターンは、必ずこのベンチマークを相当上回るようにする。

コメント　確かに自社株買いはアウトサイダーCEOにとって価値を生み出す重要な手段になっていたが、これは万能薬ではない。自社株買いは適正な価格で行わなければ価値を破壊する場合もある。

五．税引き後のリターンに注目し、すべての案件を税務顧問に確認させる。

六．現金と借入金の許容できる保守的な水準を決め、その範囲内で経営する。

七．分権化した組織モデルを検討する（社員数に対する本部の人数の割合はどれくらいか、それは同業他社と比較してどうか）。

八．資本を事業に投入するのは、長期的に自分のハードル以上のリターンを生み出すことができる自信があるときのみにする。

九．もし高リターンの投資計画がなければ、配当を検討する。ただ、配当は決定後の変更が難しく、節税にならない場合もある。

一〇．価格が極めて高いときは、事業や株を売却してもよい。また、許容できるリターンを生み出すことができなくなった低パフォーマンスの事業は閉鎖してもよい。

過去においても、未来についても、予想ができない混沌としたビジネスの世界でかじ取りをしていくとき、アウトサイダーＣＥＯの資本配分は実績ある手法であり、さまざまな業界やマーケット状況において桁外れの結果を生み出してきた。このチェックリストは、近所のパン屋から多国籍の複合企業まで、あらゆる会社の役に立つ。この実績ある手法を取り入れ、ビジネスの世界に内在する不確かさを両手で受け止め……新たな視点で取り組んでみてほしい。

謝辞

本書の執筆を始めたのは、二〇〇三年に家族と休暇を過ごしていたときだった。私は未公開株投資会社で仕事をしており、ここで年に二回開催されるCEO（最高経営責任者）会議で行うスピーチの準備をしていた。私はこのスピーチで、並外れた経営者と彼らの教えを、私たちが投資している会社の経営者に紹介しようと思っていた。そこで選んだのがヘンリー・シングルトンだった。彼を紹介するための調査を進めていく過程で、私は幸運にもハーバード・ビジネス・スクールの才能あふれる学生たち――二年生のアリーム・チャードリーと彼の同級生たち――と知り合う機会を得た。スタンフォード大学で物理学を専攻して優秀な成績で卒業し、大学のテニス部でも活躍したチャードリーは、今回のプロジェクトで素晴らしい働きをしてくれ、彼との共同作業がそのあとの調査の枠組みになった。そして、チャードリーに頼んだ調査が終わったとき、彼はジョン・ギリガンというこちらも優秀な学生を紹介してくれた。当時、ギリガンはハーバード・ビジネス・スクールの一年目を終えようとしていた。彼はハーバード大学で化学を専攻し、やはり優秀な成績で卒業していた。このギリガンが、キャピタル・シティーズをチャードリーと同じ方法で調べてくれることになり、私たちはすぐにそれにとりかかった。

その後もハーバード・ビジネス・スクールの学生たちの協力を得て、私はさまざまなCEOとその同業者について細かく分析していった。各会社の調べは完成するまでに一学年分の時間がかかり、残りも同じようなペースで進んでいった。一学期には対象の会社とその同業社の過去の財務報告書を詳細に分析し（全部合わせると一〇〇〇年度分以上の財務データを調べた）、それ以外の資料（記事、本、ビデオなど）も深く読み込んだ。二学期は、その会社の元幹部や投資家やウォール街のアナリスト、銀行の担当者、同業他社の幹部、そしてCEO本人にインタビューをして詳しく話を聞いた（生存しているCEOとはすべて会った）。これらのインタビューは、最初に長年消息がつかめていなかった関係者を探さなければならない場合も多く、結局一〇〇人以上の人探しを行った。

このようにして、過去八年間、私に協力してくれた極めて優秀なハーバード・ビジネス・スクールの学生たちに、大いに感謝したい。この才能あふれるメンバーを紹介しよう——ポール・ビューサー（ラルストン・ピュリーナ）、アリーム・チャードリー（テレダイン）、エリン・アイゼンバーグ（バークシャー・ハサウェイ）、マット・エステップ（ゼネラル・ダイナミクス）、ジョン・ギリガン（キャピタル・シティーズ・ブロードキャスティング）、ブライアン・ハースマンとモリッツ・ジョブキ（テレコミュニケーションズ・インク）、クリスティーナ・ミラー（ザ・ワシントン・ポスト・カンパニー）、コンスタンティノス・パパコンスタンティヌー（ゼネラル・シネマ）。

また、このプロジェクトに協力してくださったハーバード・ビジネス・スクールのナビル・エルハージ教授とマイク・ロバーツ教授と、原稿の最終段階で重要な分析を手伝ってくれた在校生のマット・キリタスにも感謝したい。

そのほかにも、時間を割いて原稿を読み、洞察を与えてくれたビル・ケリー、アート・チャーペンティア、ウィル・ガードナー、ジャイルス・グッドヘッド（特に精読してくれた）、アーブ・グラウスベック、ボブ・グロスキー、マイク・ジャクソン、クリス・キンボール、サム・マコースランド、ジョー・ニーハウス、ブランドン・ニクソン、デビッド・シモンズ、ケビン・タウィール、ラニー・ソーンダイク、トム・トライフォロス、エリオット・ワッズウォース、ラムジー・ウォーカー、そしてスティーブ・ウォールマンにも感謝したい。なかでも、ＴＣＩとキャピタル・シティーズの章について協力してくれたデビッド・ワーゴには特別にお礼を言いたい。

また、私の父ニック・ソーンダイクには、原稿を精読して洞察を与えてくれたことを、素晴らしい子供たち、シャーロットとニコラスには執筆中の忍耐と、私が行き詰まったときに良い意味で邪魔をしてくれたことと、子供らしからぬ知恵を披露してくれたことにありがとうと言いたい。そして、初期の調査を手伝ってくれたエリザベス・ソーンダイクとエーモリー・ソーンダイクの貢献も記しておきたい。

さらに、ウォーレン・バフェットの比類なきパートナーであるチャーリー・マンガーには、プロジェクトの初期段階で与えてくれた激励と、洞察に満ちたコメント――特にテレダイン、キャピタル・シティーズ、ワシントン・ポスト、ゼネラル・ダイナミクスの章に関するコメント――には特別な感謝を捧げたい。

そしてもうひとり、どのような困難にも動じず、どんな要求でもこなすアシスタントのデニース・エイハーンには、過去九年近くに及ぶ素晴らしいサポートと忍耐に特に感謝している。

そのほかにも、長年優れた手助けをしてくれているシャーロット・マクドナルドにもお礼を言いたい。

エージェントのデビッド・ミラーは、プロジェクトの期間を通して洞察と見通しを与え続けてくれた。

編集者のジェフ・キーホーとアリソン・ピーター、そして彼らが所属するハーバード・ビジネス・レビュー・プレスのチームは、草稿と経験不足の著者を、出版にこぎつけるまで面倒を見ながら導いてくれた。

最後に、私にとって不可欠な「家庭内」編集者（兼妻）のジーニーには、かけがえのない意志の強さと、長年にわたって私の書いたものを読んで刺激的な意見を述べたり支えてくれたりしてくれていることに感謝したい。

もし、本書に間違いがあれば、もちろんすべての非は私にあるが、先に挙げた人たちの知恵と支援によって最終原稿は計り知れないほど改善した。みんな本当にありがとう。

付録――バフェット・テスト

ウォーレン・バフェットが、資本配分の能力を測るための簡単なテストを提案してくれた。CEO（最高経営責任者）の評価は、任期の間に内部留保金一ドルに対して最低一ドルの価値を生み出したかどうかで決まるというのである。バフェットの基準は、わずか一つの数字で、仕事人生における判断の賢さと愚かさをすべて含めて評価することができる。残念ながら、これは見かけよりもはるかに難しいことだが、もちろんアウトサイダーCEOたちは余裕でクリアしている。結果を表A.1にまとめてある。

表A.1　アウトサイダーCEOとバフェット・テストの結果

	バークシャー・ハサウェイ	ゼネラル・シネマとハーコート・ゼネラル *	テレダイン	キャピタル・シティーズとABC	ワシントン・ポスト	TCI**	ラルストン・ピュリーナ	ゼネラル・ダイナミクス
対象期間								
開始	1965/6/30	1966/1/31	1963/5/31	1966/9/30	1971/6/30	1973/5/31	1980/1/31	1990/12/31
終了	2010/9/30	2001/7/31	1990/6/30	1995/12/31	1993/12/31	1999/3/31	2001/12/31	2007/12/31
バフェット・テストの対象期間								
就任	1965	1962	1966	1966	1971	1973	1981	1990
退任	2007	2000	1989	1994	1993	1997	2000	2007
累積「バフェット」								
比率	2.3 倍	3.6 倍	2.0 倍	2.7 倍	1.9 倍	該当しない	2.4 倍	3.5 倍

*　ゼネラル・シネマのデータは、1991 年のハーコートの買収に伴い極めて大きく変動し、そのままでは数値が歪んでしまうため、調整してある

**　マローンは TCI の報告利益を意図的に低く抑えていたため、この基準は適用できない

9. Author interview with David Sokol, April 15, 2006.

10. Berkshire Hathaway annual reports, Owner's Manual.

11. Author interview with Tom Murphy, March 9, 2006.

12. Author interview with Charles T. Munger, February 24, 2006.

13. Berkshire Hathaway annual reports, 1977–2011.

14. Berkshire Hathaway annual reports, 1977–2011.

第9章

1. ダニエル・カーネマン著『ファスト&スロー――あなたの意思はどのように決まるか？』（早川書房）

2. Author interview with George Roberts, April 8, 2004.

3. Author interview with Charles T. Munger, September 10, 2004.

4. Author interview with Pat Mulcahy, April 23, 2009.

5. Andrew Barry, "What a Gusher," *Barron's,* November 16, 2009.

6. Michiyo Nakamoto and David Wighton, "Citigroup Chief Stays Bullish on Buy-outs," *Financial Times,* July 9, 2007.

エピローグ

1. アトゥール・ガワンデ著『アナタはなぜチェックリストを使わないのか？』（晋遊舎）

第6章

1. Author interview with Michael Mauboussin, February 25, 2009.

2. Ibid.

3. Author interview with Pat Mulcahy, April 23, 2009.

4. Unless otherwise noted, all quotations from William Stiritz came from numerous telephone interviews in April, May, and June, 2009.

5. Author interview with Pat Mulcahy, April 23, 2009.

6. Ibid.

7. Author interview with John Bierbusse, February 24, 2009.

8. Author interview with John McMillin, April 2, 2009.

9. Author interview with John Bierbusse, February 24, 2009.

第7章

1. Author interview with Bob Beck, February 26, 2008.

2. Author interview with Woody Ives, December 15, 2007.

3. Author interview with Caesar Sweitzer, April 22, 2008.

4. Ibid.

5. Author interview with Woody Ives, December 15, 2007.

6. Author interview with Bob Beck, March 26, 2008.

7. Author interview with David Wargo, April 22, 2008.

8. Unless otherwise noted, all quotations from Dick Smith are from an in-person interview on April 23, 2009, at his office in Chestnut Hill, MA.

9. Author interview with Woody Ives, December 15, 2007.

10. Ibid.

11. Author interview with Woody Ives, December 15, 2007.

第8章

1. Author interview with Charles T. Munger, February 24, 2006.

2. Berkshire Hathaway annual reports, 1977–2011.

3. Ibid.

4. Unless otherwise noted, all quotations came from interviews with Warren E. Buffett, July 24, 2006.

5. Author interview with Charles T. Munger, February 24, 2006.

6. Berkshire Hathaway annual reports, 1977–2011.

7. "The World's Top Investing Stars," *Money Week,* July 6, 2006.

8. Berkshire Hathaway annual reports, 1977–2011.

11. Author interview with Nicholas Chabraja, April 2, 2008.
12. Ibid.
13. Author interview with Ray Lewis, March 20, 2008.

第4章

1. Unless otherwise noted, all quotations from John Malone came from an in-person interview on April 30, 2007.
2. Ibid.
3. Author interview with J.C. Sparkman, April 30, 2007.
4. David Wargo TCI analyst report, 1981.
5. Author interview with Dennis Leibowitz, April 17, 2007.
6. Author interview with Rick Reiss, April 26, 2007.
7. Author interview with David Wargo, April 17, 2007.
8. Author interview with Rick Reiss, April 26, 2007.
9. David Wargo TCI analyst report, 1980.
10. David Wargo interview/analyst report.
11. Author interview with Dennis Leibowitz, April 17, 2007.
12. David Wargo TCI interview/analyst report, 1982.
13. Author interview with Dennis Leibowitz, April 17, 2007.
14. David Wargo TCI analyst reports, 1981, 1982.
15. Ibid.
16. Author interview with David Wargo, April 17, 2007.

第5章

1. Author interview with Alan Spoon, April 2, 2009.
2. Author interview with Tom Might, April 30, 2009.
3. Unless otherwise noted, all quotations from Donald Graham came from an in-person interview in his office on April 3, 2009.
4. Author interview with George Gillespie, April 8, 2009.
5. Author interview with Ross Glotzbach, March 30, 2009.
6. Author interview with George Gillespie, April 8, 2009.
7. Author interview with Alan Spoon, April 2, 2009.
8. Author interview with Dick Simmons, April 22, 2009.
9. Author interview with Ben Bradlee in his office, April 3, 2009.

8. Author interview with Phil Beuth, April 28, 2005.
9. Author interview with Dan Burke, April 1, 2005.
10. "Tom Murphy's Pleasant Cash Problem."
11. Author interview with David Wargo, April 28, 2005.
12. Author interview with Gordon Crawford, April 20, 2005.
13. Author interview with Phil Meek, April 1, 2005.

第2章

1. Author interview with Jack Hamilton, April 20, 2004.
2. Robert J. Flaherty, "The Sphinx Speaks," *Forbes,* February 20, 1978.
3. Author interview with Charles T. Munger, September 10, 2004.
4. Author interview with Arthur Rock, April 15, 2004.
5. Author interview with Charles T. Munger, September 10, 2004.
6. Ibid.
7. Author interview with Fayez Sarofim, March 2, 2004.
8. Author interview with William Rutledge, February 23, 2004.
9. Robert J. Flaherty, "The Singular Henry Singleton," *Forbes,* July 9, 1979.
10. James P. Roscow, "The Many Lives of Teledyne," *Financial World,* November 1, 1978.
11. Flaherty, "The Sphinx Speaks."
12. Author interview with Leon Cooperman, November 20, 2003.

第3章

1. Author interview with William Anders, April 5, 2008.
2. Unless otherwise noted, all quotations from William Anders come from telephone interviews on April 15 and April 24, 2008.
3. Ibid.
4. Author interview with Ray Lewis, March 20, 2008.
5. Author interview with Peter Aseritis, March 7, 2008.
6. Author interview with James Mellor, March 12, 2008.
7. Author interview with Peter Aseritis, March 7, 2008.
8. Author interview with James Mellor, March 12, 2008.
9. Author interview with Nicholas Chabraja, April 2, 2008.
10. Author interview with Ray Lewis, March 20, 2008.

注釈

序文

1. Berkshire Hathaway annual reports, 1987.

2. Ibid.

3. Warren E. Buffett, "The Superinvestors of Graham and Doddville," *Hermes* Magazine, April 1984.

序章

1. Atul Gawande, "The Bell Curve," *The New Yorker,* December 6, 2004. See also Richard Pascale, Jerry Sternin, and Monique Sternin, *The Power of Positive Deviance: How Unlikely Innovators Solve the World's Toughest Problems* (Boston: Harvard Business Press, 2010).

2. マイケル・ルイス著『マネー・ボール』（武田ランダムハウスジャパン）

3. マルコム・グラッドウェル著『天才！成功する人々の法則』（講談社）

第１章

1. Charles T. Munger memo, January 1, 1983.

2. Unless otherwise noted, all quotations from Tom Murphy come from a telephone interview on March 23, 2005, and an in-person interview on July 25, 2005.

3. "Tom Murphy's Pleasant Cash Problem," *Forbes,* October 1, 1976.

4. Author interview with Dan Burke, April 1, 2005.

5. Author interview with Gordon Crawford, April 20, 2005.

6. Author interview with Bob Zelnick, March 23, 2005.

7. Author interview with Dan Burke, April 1, 2005.

ゼネラル――ア・ヒストリー・オブ・グロース・スルー・ダイバーシフィケーション、1922-1992』(The Making of Harcourt General : A History of Growth Through Diversification 1922-1992)
ジョン・ロバーツ著『現代企業の組織デザイン――戦略経営の経済学』(NTT 出版)
マーク・ロビショー著『ケーブル・カウボーイ――ジョン・マローン・アンド・ザ・ライズ・オブ・ザ・モダン・ケーブル・ビジネス』(Cable Cowboy : John Malone and the Rise of the Modern Cable Business)
ロバート・スキデルスキー著『ジョン・メイナード・ケインズ　2』(東洋経済新報社)
デイビッド・スウェンセン著『イェール大学CFOに学ぶ投資哲学』(岩波書店)
リチャード・S・テドロー著『ジャイアンツ・オブ・エンタープライズ――セブン・ビジネス・イノベータース・アンド・ザ・エンパイヤ・ゼイ・ビルト』(Giants of Enterprise : Seven Business Innovators and the Empires They Built)
ジョン・トレイン著『ファンド・マネジャー――相場に賭けた9人の男』(日本経済新聞社)

ジェイムズ・グリック著『インフォメーション――情報技術の人類史』(新潮社)
キャサリン・グラハム著『キャサリン・グラハム――わが人生』(ティビーエスブリタニカ)
ロバート・G・ハグストローム著『バフェットのポートフォリオ――全米No.1投資家の哲学とテクニック』(ダイヤモンド社)
デイヴィッド・ハルバースタム著『ベスト&ブライテスト――栄光と興奮に憑かれて』(二玄社)
ダニエル・カーネマン著『ファスト&スロー――あなたの意思はどのように決まるか?』(早川書房)
ピーター・D・カウフマン著『プア・チャーリース・アルマナック――ザ・ウイット・アンド・ウィズダム・オブ・チャールズ・T・マンガー』(Poor Charlie's Almanack : The Wit and Wisdom of Charles T. Munger)
トーマス・クーン著『科学革命の構造』(みすず書房)
メアリー・ウエルズ・ローレンス著『ア・ビッグ・ライフ(イン・アドバタイジング)』(A Big Life [in Advertising])
ロジャー・ローウェンスタイン著『ビジネスは人なり――投資は価値なり――ウォーレン・バフェット』(総合法令出版)
マイケル・モーブッシン著『モア・ザン・ユー・ノウ――ファインディング・ファイナンシャル・ウィズドム・イン・アンコンベンショナル・プレース』(More Than You Know : Finding Financial Wisdom in Unconventional Places)
ウィリアム・パウンドストーン著『天才数学者はこう賭ける――誰も語らなかった株とギャンブルの話』(青土社)
アイル・プレス著『ビューティフル・ソール――セーイング・ノー、ブレイキング・ランクス、アンド・ヒーディング・ザ・ボイス・オブ・コンシエンス・イン・ダーク・タイムス』(Beautiful Souls : Saying No, Breaking ranks, and Heeding the Voice of Conscience in Dark times)
リチャード・プレストン著『鉄鋼サバイバル――ニューコアとアイバーソンの挑戦』(チューブエキスパーツ社)
ベティ・H・プルウイット著『ザ・メーキング・オブ・ハーコート・

参考文献（さらに詳しく学びたい人へ）

ローレンス・A・カニンガム著『バフェットからの手紙』（パンローリング）

ジャネット・ロウ著『投資参謀マンガー――世界一の投資家バフェットを陰で支えた男』（パンローリング）

ケン・オーレッタ著『ザ・ハイウエーメン――ウォーリアーズ・オブ・ザ・インフォメーション・スーパー・ハイウエー』（The Highwaymen : Warriors of the Information Super Highway）

ケン・オーレッタ著『巨大メディアの攻防――アメリカTV界に何が起きているか』（新潮社）

ピーター・バーンスタイン著『リスク――神々への反逆』（日本経済新聞社）

バートン・ビッグス著『ヘッジホッグ――アブない金融錬金術師たち』（日本経済新聞出版社）

バフェット・パートナーシップ著『コレクション・オブ・レポート・トゥ・インベスターース、1958-1969』（Collection of Reports to Investors, 1958-1969）

ジョン・A・バーン著『ザ・ウィズ・キッズ――ザ・ファウンディング・ファーザー・オブ・アメリカン・ビジネス・アンド・ザ・レガシー・ゼイ・レフト・アス』（The Witz Kids : The Founding Fathers of American Business and the Legacy They Left Us）

ジャネット・コナント著『タキシード・パーク――ア・ウォール・ストリート・タイクーン・アンド・ザ・シークレット・パレス・オブ・サイエンス・ザット・チェンジド・ザ・コース・オブ・ワールド・ワーＩＩ』（Tuxedo Park : A Wall Street Tycoon and the Secret Palace of Science That Changed the Course of World War II）

ピーター・F・ドラッカー著『傍観者の時代』（ダイヤモンド社）

チャールズ・エリス著『チャールズ・エリスが選ぶ大投資家の名言』（日本経済新聞社）

マルコム・グラッドウェル著『天才！　成功する人々の法則』（講談社）

■著者紹介

ウィリアム・N・ソーンダイク・ジュニア（William N. Thorndike, Jr.）

ハーバード大学卒業、スタンフォード大学経営大学院修了。ボストンとサンフランシスコに拠点を置く投資会社ハウサトニック・パートナーズの創設者兼マネジング・ディレクター。それ以前に勤務していたT・ロウ・プライス・アソシエーツではビジネスサービス分野の初期の投資調査を行い、ウォーカー・パブリッシングでは取締役まで務めた。ハーバードやスタンフォードのビジネス・スクールや、欧州経営大学院、ロンドン・ビジネス・スクールなどで講義を行ったこともある。現在はアルタ・カレッジやコンチネンタル・ファイヤー＆セーフティ・サービス、カリリオン・アシステッド・リビング、レメイト・バスキュラー、リバティ・タワーズ、オアシス・グループ・リミテッド、QMCインターナショナル、ホワイト・フラワー・ファームなどの取締役を務めている。また、スタンフォード・ビジネス・スクールとザ・アトランティック大学の信託基金の管財人やWGBH（ボストンのテレビ・ラジオ局）の経営監視委員なども務めている。社会に影響を及ぼす投資を共同で行う組織FARMの創設パートナーでもある。ボストン郊外に妻と２人の子供と在住。

■監修者紹介

長尾慎太郎（ながお・しんたろう）

東京大学工学部原子力工学科卒。日米の銀行、投資顧問会社、ヘッジファンドなどを経て、現在は大手運用会社勤務。訳書に『魔術師リンダ・ラリーの短期売買入門』『新マーケットの魔術師』『マーケットの魔術師【株式編】』（いずれもパンローリング、共訳）、監修に『高勝率トレード学のススメ』『フルタイムトレーダー完全マニュアル』『システムトレード 基本と原則』『一芸を極めた裁量トレーダーの売買譜』『裁量トレーダーの心得 初心者編』『裁量トレーダーの心得 スイングトレード編』『ラリー・ウィリアムズの短期売買法【第２版】』『コナーズの短期売買戦略』『続マーケットの魔術師』『アノマリー投資』『続高勝率トレード学のススメ』『グレアムからの手紙』『シュワッガーのマーケット教室』『トレーダーのメンタルエッジ』『プライスアクションとローソク足の法則』『トレードシステムはどう作ればよいのか １ ２』『ミネルヴィニの成長株投資法』など、多数。

■訳者紹介

井田京子（いだ・きょうこ）

翻訳者。主な訳書に『ワイルダーのテクニカル分析入門』『トゥモローズゴールド』『ヘッジファンドの売買技術』『投資家のためのリスクマネジメント』『トレーダーの心理学』『スペランデオのトレード実践講座』『投資苑３　スタディガイド』『トレーディングエッジ入門』『千年投資の公理』『ロジカルトレーダー』『チャートで見る株式市場200年の歴史』『フィボナッチブレイクアウト売買法』『ザFX』『相場の黄金ルール』『トレーダーのメンタルエッジ』（いずれもパンローリング）などがある。

2014年２月３日　初版第１刷発行

ウィザードブックシリーズ㉑④

破天荒な経営者たち
──８人の型破りなCEOが実現した桁外れの成功

著　者　ウィリアム・N・ソーンダイク・ジュニア
監修者　長尾慎太郎
訳　者　井田京子
発行者　後藤康徳
発行所　パンローリング株式会社
〒160-0023　東京都新宿区西新宿 7-9-18-6F
TEL 03-5386-7391　FAX 03-5386-7393
http://www.panrolling.com/
E-mail　info@panrolling.com
編　集　エフ・ジー・アイ（Factory of Gnomic Three Monkeys Investment）合資会社
装　丁　パンローリング装丁室
組　版　パンローリング制作室
印刷・製本　株式会社シナノ

ISBN978-4-7759-7182-6

マーク・ミネルヴィニ

ウォール街で 30 年の経験を持つ伝説的トレーダー。数千ドルから投資を始め、口座残高を数百万ドルにした。1997 年、25 万ドルの自己資金で US インベスティング・チャンピオンシップに参加、155%のリターンを上げ優勝。自らは SEPA トレード戦略を使って、5 年間で年平均 220%のリターンを上げ、その間に損失を出したのはわずか 1 四半期だけだった。

ウィザードブックシリーズ213

ミネルヴィニの成長株投資法

高い先導株を買い、より高値で売り抜けろ

定価 本体2,800円+税　ISBN:9784775971802

高い銘柄こそ次の急成長株!

一貫して3桁のリターンを得るために、どうやって正確な買い場を選び、仕掛け、そして資金を守るかについて、詳しく分かりやすい言葉で説明。

株取引の初心者にも、経験豊かなプロにも、並外れたパフォーマンスを達成する方法が本書を読めば分かるだろう!

ケン・フィッシャー

フィッシャー・インベストメンツ社の創業者兼 CEO。同社は 1979 年設立の独立系資金運用会社として、世界中の年金、基金、大学基金、保険会社、政府、個人富裕層などを顧客に持ち、運用総資産額は400億ドル(約 4 兆円)を超える。株価売上倍率 (PSR) による株式分析、また小型株運用の先駆者として知られる。

ウィザードブックシリーズ 149

ケン・フィッシャーのPSR株分析

市場平均に左右されない超割安成長株の探し方

定価 本体2,300円+税　ISBN:9784775971161

先駆者による本当の株価売上倍率分析法

革新的な株式評価法「PSR(株価売上倍率)」を活用し、一時のグリッチ(不調)で人気(=株価)を下げた「スーパー企業」を洗い出し、3～5年の間に価格が3～10倍になる「スーパー株式」に投資する指南書。

ウォーレン・バフェット

アメリカ合衆国の著名な投資家、経営者。世界最大の投資持株会社であるバークシャー・ハサウェイの筆頭株主であり、同社の会長兼 CEO を務める。金融街ではなく地元オマハを中心とした生活を送っている為、敬愛の念を込めて「オマハの賢人」(Oracle of Omaha) とも呼ばれる。

ウィザードブックシリーズ 189

バフェット合衆国
世界最強企業 バークシャー・ハサウェイの舞台裏

定価 本体1,600円+税　ISBN:9784775971567

バークシャーには「バフェット」が何人もいる!

ウォーレン・バフェットの投資哲学は伝説になるほど有名だが、バークシャー・ハサウェイの経営者たちについて知る人は少ない。バークシャーの成功に貢献してきた取締役やCEOの素顔に迫り、身につけたスキルはどのようなものだったのか、いかにして世界で最もダイナミックなコングロマリットの一員になったのかについて紹介。

目次

ウィザードブックシリーズ203

バフェットの経営術
バークシャー・ハサウェイを率いた男は投資家ではなかった

定価 本体2,800円+税　ISBN:9784775971703

銘柄選択の天才ではない
本当のバフェットの姿が明らかに

企業統治の意味を定義し直したバフェットの内面を見つめ、経営者とリーダーとしてバークシャー・ハサウェイをアメリカで最大かつ最も成功しているコングロマリットのひとつに作り上げたバフェットの秘密を初めて明かした。

ウィザードブックシリーズ116

麗しのバフェット銘柄

メアリー・バフェット／デビッド・クラーク【著】

定価 本体1,800円+税　ISBN:9784775970829

デイトレーダー絶滅後のスキャルピング売買法

大衆の近視眼的な悲観主義を利用して、投資家ナンバー１になったバフェットの芸術的な選別的逆張り投資法とは……？バフェット自らが実践した財務データの利用法をはじめ、有望株の買い時と保有株の売り時を判断する基準や方程式が順を追って述べられている。

ウィザードブックシリーズ4

バフェットからの手紙

ローレンス・A・カニンガム【著】

Audio Book
オーディオブックあり

定価 本体1,600円+税　ISBN:9784939103216

「経営者」「起業家」「就職希望者」のバイブル

究極・最強のバフェット本――この1冊でバフェットのすべてがわかる
投資に値する会社こそ、21世紀に生き残る！
20世紀最高の投資家が明かすコーポレート・ガバナンス、成長し続ける会社の経営、経営者の資質、企業統治、会計・財務とは？

マンガ　ウォーレン・バフェット

定価 本体1,600円+税　ISBN:9784775930052

世界一おもしろい投資家の　世界一もうかる成功のルール。世界一の株式投資家、ウォーレン・バフェット。その成功の秘密とは？

ベンジャミン・グレアム

1894/05/08 ロンドン生まれ。1914 年アメリカ・コロンビア大学卒。ニューバーガー・ローブ社（ニューヨークの証券会社）に入社、1923-56 年グレアム・ノーマン・コーポレーション社長、1956 年以来カリフォルニア大学教授、ニューヨーク金融協会理事、証券アナリストセミナー評議員を歴任する。バリュー投資理論の考案者であり、おそらく過去最大の影響力を誇る投資家である。

ウィザードブックシリーズ 10

賢明なる投資家
割安株の見つけ方とバリュー投資を成功させる方法

電子書籍版あり　オーディオブックあり

定価 本体3,800円+税　ISBN:9784939103292

市場低迷の時期こそ、威力を発揮する「バリュー投資のバイブル」

ウォーレン・バフェットが師と仰ぎ、尊敬したベンジャミン・グレアムが残した「バリュー投資」の最高傑作！ だれも気づいていない将来伸びる「魅力のない二流企業株」や「割安株」の見つけ方を伝授。

ウィザードブックシリーズ87

新 賢明なる投資家
(上)・(下)

電子書籍版あり

著者　ベンジャミン・グレアム／ジェイソン・ツバイク

上巻　定価 本体3,800円+税　ISBN:9784775970492

下巻　定価 本体3,800円+税　ISBN:9784775970508

時代を超えたグレアムの英知が今、よみがえる！

古典的名著に新たな注解が加わり、グレアムの時代を超えた英知が今日の市場に再びよみがえった！ 20世紀最大の投資アドバイザー、ベンジャミン・グレアムは世界中の人々に投資教育を施し、インスピレーションを与えてきた。こんな時代だからこそ、グレアムのバリュー投資の意義がある！

ウィザードブックシリーズ24

賢明なる投資家【財務諸表編】

著者　ベンジャミン・グレアム／スペンサー・B・メレディス

定価 本体3,800円+税　ISBN:9784939103469

企業財務が分かれば、バリュー株を発見できる

ベア・マーケットでの最強かつ基本的な手引き書であり、「賢明なる投資家」になるための必読書!

ブル・マーケットでも、ベア・マーケットでも、儲かる株は財務諸表を見れば分かる!

ウィザードブックシリーズ207

グレアムからの手紙 賢明なる投資家になるための教え

著者 ベンジャミン・グレアム／編者 ジェイソン・ツバイク、ロドニー・N・サリバン

定価 本体3,800円+税　ISBN:9784775971741

投資の分野で歴史上最も卓越した洞察力を有した人物の集大成

ファイナンスの分野において歴史上最も卓越した洞察力を有した人物のひとりであるグレアムの半世紀にわたる證券分析のアイデアの進化を示す貴重な論文やインタビューのコレクション。

ウィザードブックシリーズ 44

証券分析【1934年版】

電子書籍版あり

著者　ベンジャミン・グレアム／デビッド・L・ドッド

定価 本体9,800円+税　ISBN:9784775970058

「不朽の傑作」ついに完全邦訳!


研ぎ澄まされた鋭い分析力、実地に即した深い思想、そして妥協を許さない決然とした論理の感触。時を超えたかけがえのない知恵と価値を持つメッセージ。

ベンジャミン・グレアムをウォール街で不滅の存在にした不朽の傑作である。ここで展開されている割安な株式や債券のすぐれた発掘法にはいまだに類例がなく、現在も多くの投資家たちが実践しているものである。

ジャック・D・シュワッガー

現在、マサチューセッツ州にあるマーケット・ウィザーズ・ファンドとＬＬＣの代表を務める。著書にはベストセラーとなった『マーケットの魔術師』『新マーケットの魔術師』『マーケットの魔術師[株式編]』（パンローリング）がある。
また、セミナーでの講演も精力的にこなしている。

ウィザードブックシリーズ 19

マーケットの魔術師
米トップトレーダーが語る成功の秘訣

定価 本体2,800円+税　ISBN:9784939103407

トレード界の「ドリームチーム」が勢ぞろい

世界中から絶賛されたあの名著が新装版で復刻!

投資を極めたウィザードたちの珠玉のインタビュー集!

今や伝説となった、リチャード・デニス、トム・ボールドウィン、マイケル・マーカス、ブルース・コフナー、ウィリアム・オニール、ポール・チューダー・ジョーンズ、エド・スィコータ、ジム・ロジャーズ、マーティン・シュワルツなど。

ウィザードブックシリーズ 201

続マーケットの魔術師
トップヘッジファンドマネジャーが明かす成功の極意

定価 本体2,800円+税　ISBN:9784775971680

『マーケットの魔術師』シリーズ 10年ぶりの第4弾!

先端トレーディング技術と箴言が満載。「驚異の一貫性を誇る」これから伝説になる人、伝説になっている人のインタビュー集。マーケットの先達から学ぶべき重要な教訓を40にまとめ上げた。

ウィザードブックシリーズ 13

新マーケットの魔術師

定価 本体2,800円+税　ISBN:9784939103346

知られざる“ソロス級トレーダー”たちが、率直に公開する成功へのノウハウとその秘訣

投資で成功するにはどうすればいいのかを中心に構成されている世界のトップ・トレーダーたちのインタビュー集。17人のスーパー・トレーダーたちが洞察に富んだ示唆で、あなたの投資の手助けをしてくれることであろう。

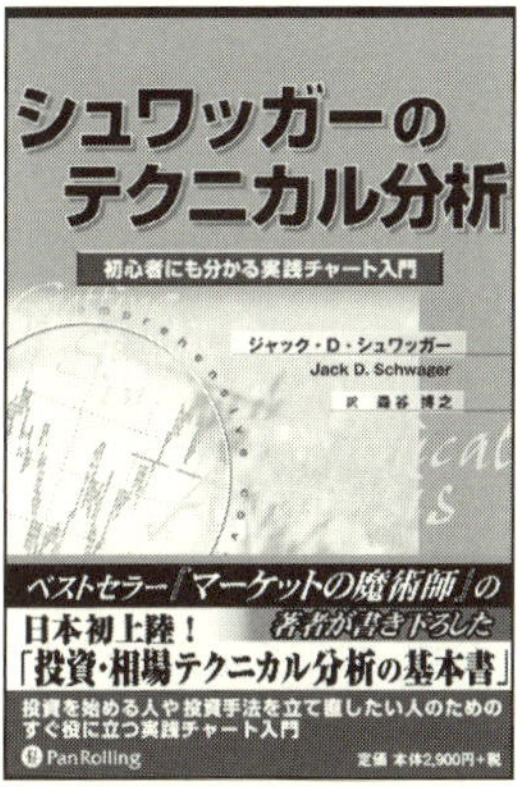

ウィザードブックシリーズ 66

シュワッガーのテクニカル分析
初心者にも分かる実践チャート入門

定価 本体2,900円+税　ISBN:9784775970270

シュワッガーが、これから投資を始める人や投資手法を立て直したい人のために書き下ろした実践チャート入門。

チャート・パターンの見方、テクニカル指数の計算法から読み方、自分だけのトレーデング・システムの構築方法、ソフトウェアの購入基準、さらに投資家の心理まで、投資に必要なすべてを網羅した1冊。

ウィザードブックシリーズ 208

シュワッガーのマーケット教室
なぜ人はダーツを投げるサルに投資の成績で勝てないのか

定価 本体2,800円+税　ISBN:9784775971758

一般投資家は「マーケットの常識」を信じて多くの間違いを犯す

シュワッガーは単に幻想を打ち砕くだけでなく、非常に多くの仕事をしている。伝統的投資から代替投資まで、現実の投資における洞察や手引きについて、彼は再考を迫る。本書はあらゆるレベルの投資家やトレーダーにとって、現実の市場で欠かせない知恵や投資手法の貴重な情報源となるであろう。

ウィリアム・J・オニール

証券投資で得た利益によって 30 歳でニューヨーク証券取引所の会員権を取得し、投資調査会社ウィリアム・オニール・アンド・カンパニーを設立。顧客には世界の大手機関投資家で資金運用を担当する 600 人が名を連ねる。保有資産が2億ドルを超えるニュー USA ミューチュアルファンドを創設したほか、『インベスターズ・ビジネス・デイリー』の創立者でもある。

ウィザードブックシリーズ 179

オニールの成長株発掘法【第4版】

定価 本体3,800円+税　ISBN:9784775971468

大暴落をいち早く見分ける方法

アメリカ屈指の投資家がやさしく解説した大化け銘柄発掘法！投資する銘柄を決定する場合、大きく分けて 2 種類のタイプがある。世界一の投資家、資産家であるウォーレン・バフェットが実践する「バリュー投資」と、このオニールの「成長株投資」だ。

ウィザードブックシリーズ71

オニールの相場師養成講座

定価 本体2,800円+税　ISBN:9784775970577

キャンスリム（CAN-SLIM）は一番優れた運用法だ

何を買えばいいか、いつ売ればいいか、ウォール街ではどうすれば勝てるかを知っているオニールが自立した投資家たちがどうすれば市場に逆らわず、市場に沿って行動し、感情・恐怖・強欲心に従うのではなく、地に足の着いた経験に裏付けられたルールに従って利益を増やすことができるかを説明。

ウィザードブックシリーズ 93

オニールの空売り練習帖

定価 本体2,800円+税　ISBN:9784775970577

正しい側にいなければ、儲けることはできない。空売りのポジションをとるには本当の知識、市場でのノウハウ、そして大きな勇気が必要である。

ウィザードブックシリーズ 198

株式売買スクール

定価 本体3,800円+税　ISBN:9784775971659

株式市場の参加者の90%は事前の準備を怠っている。オニールのシステムをより完璧に近づけるために、大化け株の特徴の有効性を確認。

ウィザードブックシリーズ 32

ゾーン 勝つ相場心理学入門

MP3 音声データCD
オーディオブックあり

定価 本体2,800円+税　ISBN:9784939103575

「ゾーン」に達した者が勝つ投資家になる！

恐怖心ゼロ、悩みゼロで、結果は気にせず、淡々と直感的に行動し、反応し、ただその瞬間に「するだけ」の境地…すなわちそれが「ゾーン」である。
「ゾーン」へたどり着く方法とは？
約20年間にわたって、多くのトレーダーたちが自信、規律、そして一貫性を習得するために、必要で、勝つ姿勢を教授し、育成支援してきた著者が究極の相場心理を伝授する！

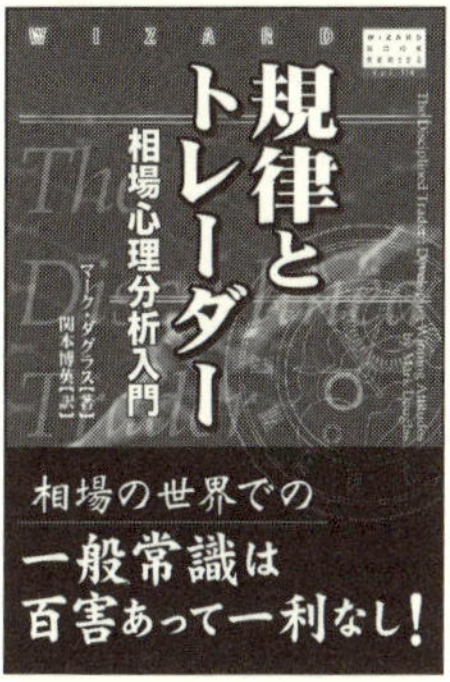

ウィザードブックシリーズ 114

規律とトレーダー 相場心理分析入門

MP3 音声データCD
オーディオブックあり

定価 本体2,800円+税　ISBN:9784775970805

トレーディングは心の問題であると悟った投資家・トレーダーたち、必携の書籍！

相場の世界での一般常識は百害あって一利なし！
常識を捨てろ！手法や戦略よりも規律と心を磨け！
本書を読めば、マーケットのあらゆる局面と利益機会に対応できる正しい心構えを学ぶことができる。

ウィザードブックシリーズ168

悩めるトレーダーのためのメンタルコーチ術

定価 本体3,800円+税　ISBN:9784775971352

トレーダーはだれでも企業家である。創業間もない企業が創業者の力量に頼らざるを得ないのと同様、マーケットでのキャリアもそのトレーダーだけが持っている資産、すなわち性格をはじめとした個人的資質と当初資金に大きく依存する。

ウィザードブックシリーズ126

トレーダーの精神分析

定価 本体2,800円+税　ISBN:9784775970911

「メンタル面の強靭さ」がパフォーマンスを向上させる。メンタル面を鍛え、エッジを生かせば、成功したトレーダーになれる！

ウィザードブックシリーズ107

トレーダーの心理学

定価 本体2,800円+税　ISBN:9784775970737

トレーディングの世界的コーチが伝授する成功するトレーダーと消えていくトレーダーの違い。勝つことと負けるにかかわるプレッシャーを取り除く必要がある。

ウィザードブックシリーズ 176

トム・バッソの禅トレード

定価 本体1,800円+税　ISBN:9784775971437

成功するための一番の近道である「自分自身を知ること」の重要性について、本書で明確にその答えを示している。